T0129616

essentials

essentials liefern aktuelles Wissen in konzentrierter Form. Die Essenz dessen, worauf es als „State-of-the-Art" in der gegenwärtigen Fachdiskussion oder in der Praxis ankommt. *essentials* informieren schnell, unkompliziert und verständlich

- als Einführung in ein aktuelles Thema aus Ihrem Fachgebiet
- als Einstieg in ein für Sie noch unbekanntes Themenfeld
- als Einblick, um zum Thema mitreden zu können

Die Bücher in elektronischer und gedruckter Form bringen das Fachwissen von Springerautor*innen kompakt zur Darstellung. Sie sind besonders für die Nutzung als eBook auf Tablet-PCs, eBook-Readern und Smartphones geeignet. *essentials* sind Wissensbausteine aus den Wirtschafts-, Sozial- und Geisteswissenschaften, aus Technik und Naturwissenschaften sowie aus Medizin, Psychologie und Gesundheitsberufen. Von renommierten Autor*innen aller Springer-Verlagsmarken.

Thomas Göllinger

Schlüsselkompetenz Vernetztes Denken

Grundkonzepte der Systemmethodik und systemischen Denkweise

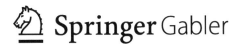

Thomas Göllinger
Institut für Strategische Innovation
und Transformation (IST)
HTWG Konstanz
Konstanz, Deutschland

ISSN 2197-6708   ISSN 2197-6716 (electronic)
essentials
ISBN 978-3-658-42896-9   ISBN 978-3-658-42897-6 (eBook)
https://doi.org/10.1007/978-3-658-42897-6

Die Deutsche Nationalbibliothek verzeichnet diese Publikation in der Deutschen Nationalbibliografie; detaillierte bibliografische Daten sind im Internet über http://dnb.d-nb.de abrufbar.

Planung/Lektorat: Vera Treitschke
Springer Gabler ist ein Imprint der eingetragenen Gesellschaft Springer Fachmedien Wiesbaden GmbH und ist ein Teil von Springer Nature.
Die Anschrift der Gesellschaft ist: Abraham-Lincoln-Str. 46, 65189 Wiesbaden, Germany

Das Papier dieses Produkts ist recyclebar.

Was Sie in diesem *essential* finden können

- Grundlegende Einsichten in die systemische Denkweise;
- Reflexion der Herausforderungen durch komplexe und dynamische Entwicklungen;
- Eine Darlegung der Methodik zur Erstellung von Wirkungszusammenhängen;
- Übersicht zu den Basis-Wirkungskreisen und dem Konzept der Systemarchetypen;
- Viele kleinere Anwendungsbeispiele.

Vorwort

„Systemisches Denken" bzw. „Vernetztes Denken in Systemzusammenhängen" wird seit Jahrzehnten (zunehmend) propagiert und häufig als eine Schlüsselkompetenz gesehen, die erforderlich ist, um die immer komplexere Welt zu verstehen und letztlich zu besseren Entscheidungen zu gelangen. Das vorliegende *essential* möchte einen Beitrag zur Stärkung dieser Schlüsselkompetenz leisten. Allerdings ist es aufgrund der heterogenen disziplinären Ursprünge, Theoriefragmente, Prinzipien, methodisch-konzeptionellen Instrumente und Anwendungen kaum möglich, ein einigermaßen homogenes Bild des Kompetenzfeldes „Systemdenken" zu bieten, zumal auf äußerst knappem Raum. Von einem allgemein akzeptierten größeren Kanon, der die wesentlichen Aspekte aller relevanten Ansätze umfasst, kann man im strengen Sinn auch nicht sprechen. Daher soll hier gar nicht erst der Eindruck erweckt werden, dass der schmale Band eine solche Klärung und Harmonisierung leisten könnte. Das Ziel ist viel bescheidener: Es geht um eine kompakte Heranführung und erste Orientierung zu diesem Themenfeld.

Der konzentrierte Text beruht auf meinen über 25-jährigen Erfahrungen im Umgang mit dieser Methodik und den Bemühungen, diese in verschiedenen Formaten Studierenden, Mitarbeitern, Projektpartnern, Seminarteilnehmern und anderen Lernenden in einschlägigen Lehrveranstaltungen bzw. Methodenworkshops zu vermitteln. Deshalb wird großer Wert auf eine schrittweise Heranführung sowie auf die Erläuterung methodisch-didaktischer Aspekte gelegt, insbesondere bzgl. der grundlegenden Elemente dieser Methodik. Besonders angesprochen sind Fach- und Führungskräfte, Projektverantwortliche und Wissensarbeiter in Unternehmen, Behörden, Verwaltungen, Hochschulen und Zivilgesellschaft, die sich mit komplexen Problemstellungen auseinandersetzen müssen.

Darüber hinaus zielt diese Schrift auf Studierende unterschiedlichster Disziplinen, um deren systemische Kompetenz bereits im Studium zu entwickeln bzw.
zu stärken.

Mein Dank gilt insbesondere meiner Familie für die zeitlichen Freiräume, die
das Schreiben eines solchen Textes erfordert; den zahlreichen Lernenden sowie
den diversen Kooperationspartnern bei einer Reihe von Forschungs-, Beratungs-
und Transferprojekten, insbesondere Gabriele Harrer-Puchner, für ihr wertvolles Feedback in all den Jahren; den Verantwortlichen meiner Hochschule, die
mir im letzten Jahr ein lehrfreies Semester ermöglichten, in dem ich u. a. die
vertiefte Auseinandersetzung mit den didaktischen Aspekten der Methodik vorbereiten konnte; und ebenso Frau Vera Treitschke für das stets sehr angenehme
und hilfreiche Lektorat.

Konstanz   Thomas Göllinger
im Sommer 2023

Inhaltsverzeichnis

Einführung

▶ **Zur Notwendigkeit einer vernetzten und systemischen Denkweise**
Ein Blick auf die Nachrichtenlage der letzten Jahre zeigt, dass sich politische, ökonomische sowie ökologische Probleme und Krisen erschreckend häufen. Insbesondere Stichworte wie Klimawandel, Corona-Pandemie, Ukraine-Krieg, Migrationsbewegungen, Fachkräftemangel, Inflation und Energiekrise führen uns vor Augen, dass wir es in Politik, Wirtschaft und Gesellschaft zunehmend mit krisenhaften Entwicklungen zu tun haben. Zugleich laufen einige sozioökonomische Transformationsprozesse, z. B. die digitale Transformation oder die sozial-ökologische Nachhaltigkeits-Transformation (mit der Energiewende und der Verkehrswende als prominente Beispiele), die jeweils große Herausforderungen mit sich bringen. Davon sind immer mehr Akteure in Unternehmen und Verwaltungen betroffen, insbesondere Fach- und Führungskräfte.

Zur erfolgreichen Bewältigung solcher Herausforderungen ist es notwendig, sich mit anderen Denk- und Sichtweisen vertraut zu machen und in **systemisch-vernetzten Zusammenhängen** zu denken. Insofern sind Interdisziplinarität und Systemdenken wichtige Schlüsselkompetenzen zum Verständnis multipler Krisen und Transformationen. Insbesondere Frederic Vester hat durch zahlreiche, in erster Linie populärwissenschaftliche, Publikationen bereits in den 1970er/80er-Jahren zur wirksamen Aufklärung über Systemdenken und zur größeren Verbreitung desselben unter der Bezeichnung „**Vernetztes Denken**" beigetragen. Auch in Schulen und Hochschulen konnten der Grundgedanke und diverse systemorientierte Konzepte auf breiterer Front Fuß fassen. Allerdings ist seit einigen Jahren zu

T. Göllinger, *Schlüsselkompetenz Vernetztes Denken*, essentials, https://doi.org/10.1007/978-3-658-42897-6_1

beobachten, dass sich zahlreiche Protagonisten in Wissenschaft, Politik, Gesellschaft und Wirtschaft in diversen Verlautbarungen zwar auf das **„Systemdenken"** beziehen und dieses häufig als wichtige Schlüsselkompetenz bezeichnen, aber letztlich doch eher nur als eine Art sozial erwünschte Sekundärtugend betrachten.

Dabei wäre es in der Tat erforderlich, dass sich möglichst viele Akteure, Wissensarbeiter und Entscheider die grundlegenden Kenntnisse und Fertigkeiten im Themengebiet Systemdenken aneignen, damit die **Schlüsselkompetenz Vernetztes Denken** und damit das **systemische Denken** eine breite Verankerung erfahren.

Komplexität als Herausforderung

Die Schwierigkeit von Menschen im Umgang mit dynamischen Entwicklungen und mit komplexen Zusammenhängen sind bereits seit deutlich über 50 Jahren Gegenstand von zahlreichen konkreten methodischen Untersuchungen in verschiedenen Disziplinen. Besonders prominent verbreitet sind die Pionierarbeiten des Systemdynamikers Jay Forrester am MIT in Boston, des Bamberger Kognitionspsychologen Dietrich Dörner sowie des Münchner Biokybernetikers Frederic Vester.

Forrester (1968) und Dörner (1992) haben jeweils vereinfachte Situationen von Städten, teils auch größere Einheiten bis hin zu Staaten, mittels Softwareprogrammen an Rechnern modelliert und in Experimentalstudien Probanden als Steuerungsakteure eingesetzt sowie diese bei ihren Entscheidungsprozessen beobachtet. Vester (2002) hat mit dem Simulationsspiel Ecopolicy eine Software kreiert, die über engere Fachkreise hinaus breite Anwendung fand und findet (inzwischen als Web-Variante). Das sehr ernüchternde Ergebnis bei fast allen Experimenten bestand darin, dass es den Probanden nur selten gelungen ist, die jeweils vorgefundene Situation zu verbessern; zumeist ist sogar eine Verschlechterung eingetreten. Offenbar sind die Herausforderungen bei komplexen Problemstellungen von anderer Natur und erfordern daher auch andere Kompetenzen, als üblicherweise in den meisten Ausbildungen vermittelt.

In vielen populären Darstellungen zur Entscheidungstheorie oder Strategiefindung etc. wird die Herausforderung durch komplexe bzw. strategische Fragestellungen mit der Situation beim Schachspielen verglichen und daher das Schachtraining als gute Voraussetzung für die Bewältigung komplexer Problemstellungen betrachtet. Dies ist jedoch ein höchst unpassender Vergleich, weil letztlich unterkomplex und damit falsch. Um dagegen die tatsächliche Herausforderung durch komplexe Probleme anschaulich klarzumachen, hat Dörner (1992, S. 66) folgende problemadäquate Schachspiel-Metapher kreiert:

„Ein Akteur in einer komplexen Handlungssituation gleicht einem Schachspieler, der mit einem Schachspiel spielen muss, welches sehr viele (etwa: einige Dutzend) Figuren aufweist, die mit Gummifäden aneinanderhängen, sodass es ihm unmöglich ist, nur eine Figur zu bewegen. Außerdem bewegen sich seine und des Gegners Figuren auch von allein, nach Regeln, die er nicht genau kennt oder über die er falsche Annahmen hat. Und obendrein befindet sich ein Teil der eigenen und der fremden Figuren im Nebel und ist nicht oder nur ungenau zu erkennen."

Viele Mathematiker, bzw. mathematisch besonders geschulte Personen, sind auch Schachspieler und halten sich daher (vermeintlich) für gute Strategen. Doch damit unterliegen sie einem reduktiven Komplexitätsverständnis. Es ist daher auch kein Zufall, dass bei komplexen Problemstellungen die Mathematik lediglich von nachrangiger Bedeutung für die Problemlösung ist.

Für das Verständnis komplexer Systeme spielt die Eigenschaft des kontraintuitiven Verhaltens eine wichtige Rolle. Inspiriert von zahlreichen Beispielen, insbesondere aus dem Bereich der Gesellschaftspolitik, setzte sich Forrester (1971) mit der Tatsache auseinander, dass in der Realität häufig gezielte Beeinflussungen eines Systems genau das Gegenteil dessen bewirken, was eigentlich beabsichtigt war. Als Ursache für dieses **kontraintuitive Verhalten** identifizierte Forrester ein mangelndes Verständnis für die Dynamik komplexer Systeme im Allgemeinen und sozialer Systeme im Besonderen. Dabei bemühte er zur Erklärung dieser Tatsache schon damals eine Hypothese, die insbesondere im deutschen Sprachraum zunächst im Umfeld der Evolutionären Erkenntnistheorie und später auch im Umfeld der Evolutorischen Ökonomik ebenfalls weite Verbreitung fand: „Evolutionary processes have not given us the mental ability to interpret properly the dynamic behavior of those complex systems in which we are now imbedded." (Forrester 1971, S. 2.)

Vernetztheit, Neben- und Folgewirkungen von Handlungen

Von „vernetzten" bzw. „vermaschten" Systemen kann man sprechen, wenn eine Variable durch eine Handlung (Aktion, Ursache) nicht isoliert beeinflusst werden kann und sich daher auch nichtbeabsichtigte Wirkungen auf weitere Variablen ergeben, die sich als Neben-, Folge- oder Fernwirkungen manifestieren. Solche Nebenwirkungen bleiben häufig zunächst unbemerkt, da man sich bei der Beobachtung (Wirkungsanalyse) i. d. R. auf die Hauptwirkung konzentriert. Dies ist insbesondere dann ungünstig, wenn die Nebenwirkung eine Verschlechterung der Situation mit sich bringt und sie deshalb unerwünscht ist.

Wenn eine Haupt- oder Nebenwirkung weitere Wirkungen bei anderen Variablen hervorrufen, spricht man von Folgewirkungen. Häufig treten solche Folgewirkungen erst mit einer mehr oder weniger großen zeitlichen Verzögerung auf, da die Ausbreitung der jeweiligen Folgewirkungen über eine Reihe von Variablen erfolgen kann

und sie daher i. d. R. eine bestimmte Zeit für diesen Durchlauf benötigen. Im Falle
größerer zeitlicher Verzögerungen beim Auftreten der Folgewirkungen wird eine
direkte Zuordnung zu der ursprünglichen Ursache schwierig, da man zum einen
keinen gedanklichen Bezug mehr zu der eigentlichen Ursache herstellt, oftmals
kann man sich aufgrund der seitdem verstrichenen Zeit kaum noch an die Ursache erinnern, und zum anderen können mittlerweile neuere bzw. weitere getätigte
Handlungen (Ursachen) ebenfalls zu bestimmten Wirkungen auf die beobachteten
Variablen beitragen, sodass sich die Wirkungen gegenseitig überlagern und eine
eindeutige Zuordnung von Ursachen und Wirkungen schwierig oder gar unmöglich
wird. Folgewirkungen erhöhen somit die Intransparenz der Situation und tragen
dadurch zu Schwierigkeiten beim Systemverständnis bei.

Eine weitere Schwierigkeit beruht auf der Existenz von Fernwirkungen. I.d.R.
sind damit räumlich von der Ursache entfernt liegende Wirkungen gemeint, die
aufgrund der mehr oder weniger großen Distanz ebenfalls eine klare Zuordnung
zwischen Ursache und Wirkung erschweren. Das Trügerische und Gefährliche an
Neben- und Folgewirkungen besteht darin, dass sie häufig (zu) lange nicht adäquat
wahrgenommen werden, weil man bisher ja nichts von ihrer Existenz wusste und sich
daher auf die erwarteten Hauptwirkungen konzentriert und nicht auf die unerwar-
teten Neben- und Folgewirkungen. Man hat sie buchstäblich nicht auf dem Schirm,
übersieht sie und wird erst auf sie aufmerksam, wenn sie bereits einen Teil ihrer
negativen Wirkungen entfaltet haben. Je mehr Variablen ein System repräsentie-
ren, desto mehr Wirkungen können sich ergeben, die wiederum übersehen werden
können.

Neben der räumlichen kann auch eine sachlich-disziplinäre Fernwirkung beobachtet werden. Darunter ist zu verstehen, dass bei der disziplinorientierten Beobachtung von Systemvariablen Wirkungen auftreten, die man aufgrund mangelnder
Kenntnisse einer anderen Disziplin fälschlicherweise als irrelevant oder zumindest
als weniger bedeutsam betrachtet.

Methodik der Systemdarstellung von Wirkungszusammenhängen

2.1 Grundelemente der systemischen Darstellung

Ein wesentlicher Aspekt des systemischen Denkens ist ein Denken in System-Zusammenhängen. Dieses beruht in seinen Grundzügen wiederum darauf, geeignete Darstellungsmittel auszuwählen, um einerseits die als wichtig erachteten Elemente eines Systems bzw. eines Systemausschnittes zu erfassen, sowie um andererseits auch die gegenseitigen Wechselwirkungen zwischen diesen Systemelementen in einer nützlichen Form darzustellen. Einige Autoren (z. B. Ossimitz 2000) setzen „systemisches Denken" im Wesentlichen mit dem Umgang mit „systemischen Darstellungsmitteln" gleich. Auch wenn man in dieser Gleichsetzung eine Verkürzung des eigentlich umfassenderen Anspruchs des systemischen Denkens sehen kann, wird damit doch der wesentliche Kern der Methodik des „Vernetzten Denkens" angesprochen, wie sie auch in dieser Schrift im Zentrum steht.

Ein häufig gewähltes systemisches Darstellungsmittel ist eine grafisch orientierte Darstellung von Variablen und ihrer wechselseitigen Wirkungszusammenhänge; man spricht von **Wirkungsgefüge** oder von **Wirkungsnetz** (weitere Synonyme: Wirkungsbild, Wirkungsdiagramm, Vernetzungsbild). Die Grundidee solcher Wirkungsnetze und ihre grafische Umsetzung lässt sich relativ einfach erläutern und darstellen:

Das Grundelement zwischen zwei Größen (Variablen) ist eine **Wirkungsbeziehung**. Die Darstellung von Wirkungsbeziehungen erfolgt mithilfe von Pfeilen. In Abb. 2.1 stellt der (rote) Pfeil zwischen den Variablen A und B die Wirkungsbeziehung zwischen diesen beiden Variablen dar.

T. Göllinger, *Schlüsselkompetenz Vernetztes Denken*, essentials, https://doi.org/10.1007/978-3-658-42897-6_2

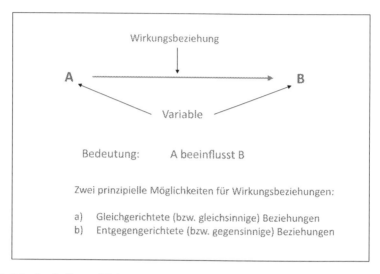

Wirkungsbeziehung

A -------------------------------------> B

Variable

Bedeutung: A beeinflusst B

Zwei prinzipielle Möglichkeiten für Wirkungsbeziehungen:

a)   Gleichgerichtete (bzw. gleichsinnige) Beziehungen
b)   Entgegengerichtete (bzw. gegensinnige) Beziehungen

Abb. 2.1 Symbolik von Wirkungsnetzen I – Grundcharakter von Wirkungsbeziehungen

Es gibt zwei prinzipielle Möglichkeiten für den Grundcharakter von Wirkungsbeziehungen: Diese können eine **gleichgerichtete** bzw. **gleichsinnige** Beziehung darstellen oder eine **entgegengerichtete** bzw. **gegensinnige** Beziehung. Die konkrete Präzisierung der Wirkung einer Beziehung wird durch die Zuordnung von Symbolen zu den Pfeilen bzw. durch die Liniengestaltung der Pfeile veranschaulicht (siehe Abb. 2.2). Bei der in diesem Text gewählten Darstellungsweise wird eine gleichgerichtete bzw. gleichsinnige Wirkungsbeziehung durch eine nicht-unterbrochene Linie des Pfeiles dargestellt. Zusätzlich kann mit einem Gleichheitszeichen (=) am Pfeil die gleichgerichtete Wirkungsbeziehung symbolisch verdeutlicht werden.

Konkret bedeutet dann ein solcher nicht-unterbrochener Pfeil zwischen zwei Variablen, dass sich aus einer Änderung der Variable A eine gleichsinnige Änderung der Variable B ergibt. Wenn sich also die Variable A vergrößert, dann wird auch die Variable B größer; entsprechend verhält es sich, wenn sich die Variable A verkleinert, dann wird in diesem Fall auch B kleiner. Weitere sprachliche Varianten der Änderung von Variablen sowie ein konkretes Beispiel sind für den Fall der gleichsinnigen Wirkungsbeziehung ebenfalls in Abb. 2.2 dargestellt.

Entsprechend repräsentiert eine unterbrochen gezeichnete Pfeillinie eine entgegengerichtete bzw. gegensinnige Wirkungsbeziehung (siehe Abb. 2.3). Auch hier

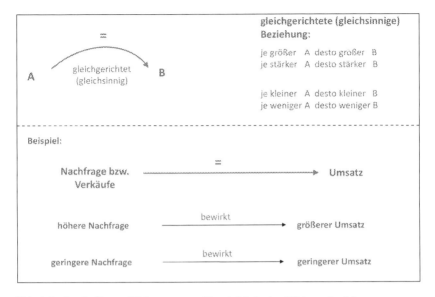

Abb. 2.2 Symbolik von Wirkungsnetzen II – gleichsinnige Wirkungsbeziehung

kann der Charakter der Wirkungsbeziehung zusätzlich symbolisch verdeutlicht werden; in diesem Fall durch ein Ungleichheitszeichen (≠) am Pfeil.

Konkret bedeutet also ein unterbrochener Pfeil zwischen zwei Variablen, dass sich aus einer Änderung der Variable A eine gegensinnige Änderung der Variable B ergibt. Wenn sich also die Variable A vergrößert, dann wird die Variable B kleiner; entsprechend umgekehrt verhält es sich, wenn sich die Variable A verkleinert, denn dann wird die Variable B größer.

In den letzten beiden Abbildungen ist die Bedeutung dieser Symbolik für verschiedene sprachliche Ausdrucksmöglichkeiten solcher Zusammenhänge jeweils dargestellt. Zusätzlich zeigen die dargestellten Beispiele die verbale Interpretation der Symbolik auf.

Wirken auf eine Variable Z gleichzeitig zwei (oder mehr) andere Variablen, so zeigen von diesen Variablen entsprechend viele Pfeile auf die beeinflusste Variable (siehe Abb. 2.4). In solchen Fällen überlagern sich die von den verschiedenen Variablen ausgehenden Wirkungen. Da die Variablenänderungen nicht alle in die gleiche Richtung gehen müssen, sondern unterschiedliche Bewegungsrichtungen einnehmen können und zugleich auch eine Kombination von gleich- und gegensinnigen Wirkungsbeziehungen vorliegen kann, ist die Auswirkung einer

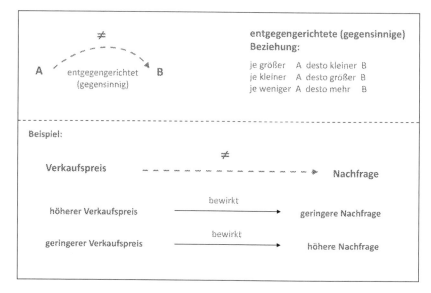

Abb. 2.3 Symbolik von Wirkungsnetzen III – gegensinnige Wirkungsbeziehung

Variablenänderung nicht mehr eindeutig zu bestimmen. In einer solchen Situation bedarf es der sprachlichen Präzisierung, um die Sachlage aufgrund von Variablenänderungen zu beschreiben. Hierzu gibt es mehrere Möglichkeiten:

a) Falls alle anderen Variablen konstant bleiben und sich nur eine Variable ändert, kann dies entsprechend so formuliert werden. In diesem Fall liegt die klassische Ceteris-paribus-Bedingung (c. p.) vor

b) Verändern sich mehrere Variablen, die auf eine andere wirken, lautet z. B. eine mögliche Formulierung für die gleichsinnige Wirkung einer Variablen: „Der Anstieg der Variable A bewirkt einen stärkeren Anstieg bzw. eine geringere Senkung der Variablen Z, als dies ohne diese Wirkungsbeziehung der Fall wäre."

Im Beispiel der Abb. 2.4 würde also der Umsatz steigen, wenn im Falle einer konstanten Nachfrage (c. p.) der Preis erhöht wird. Im Falle einer steigenden Nachfrage erhöht sich bei konstantem Preis der Umsatz; ein steigender Preis würde den Umsatz noch weiter erhöhen. Dagegen senkt eine geringere Nachfrage

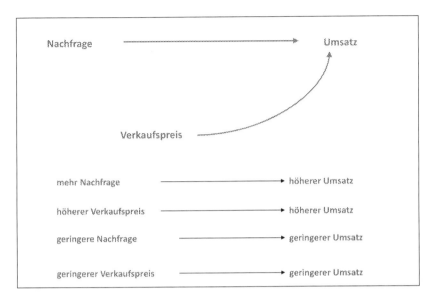

Abb. 2.4 Symbolik von Wirkungsnetzen IV – Wirkungen mehrerer Variablen

bei konstantem Preis den Umsatz; ein steigender Preis würde dann in diesem Fall die Umsatzsenkung vermindern.

Mittels dieser Symbolik lassen sich zunehmend komplexere Wirkungsgefüge darstellen. Es handelt sich um eine graphisch orientierte Darstellungsweise von Zusammenhängen, die ansonsten i. d. R. in mathematischer Symbolik dargestellt werden.

In modifizierten und erweiterten Varianten der Methodik werden unterschiedliche Stärken für die Wirkungsbeziehungen angenommen und/oder sogar bestimmte Kurvenverläufe bzw. funktionale Beziehungen zwischen den Variablen dargestellt (z. B. Vester 2002, Ulrich/Probst 1991). Hierzu gehört z. B. auch die Berücksichtigung von Schwellwerten, also Mindestwerte, die erreicht werden müssen, damit die betreffende Variable überhaupt ihre Wirkung entfaltet. Generell spielen auch Zeitverzögerungen eine große Rolle, daher werden diese häufig explizit berücksichtigt (siehe Abschn. 4.1).

2.2 Motivierendes Beispiel für systemisches Denken mittels Wirkungsnetzen

Aus der kognitionspsychologischen und pädagogischen Beschäftigung mit den dynamischen Aspekten komplexer Systeme entstammen einige typische Beispiele, die in verschiedenen Varianten in der Literatur immer wieder aufgegriffen werden. An Hand solcher Beispiele lässt sich zum einen das Problemlösungsverhalten von Versuchspersonen bezüglich typischer Systemdynamiken studieren und andererseits auch die Grundproblematik der Erfassung und Darstellung solcher systemdynamischen Aspekte diskutieren. Häufig verfügen die Versuchspersonen der kognitionspsychologischen bzw. pädagogischen Untersuchungen über heterogene Ausbildungs- und Erfahrungshintergründe. Von daher ist es auch beliebt, relativ allgemeine Beispiele aufzugreifen, die den Probanden zumindest eine rasche intuitive Erfassung der Problemsituation vor dem Hintergrund der allgemeinen Lebenserfahrung oder populärer allgemeiner Darstellungen von Problemen in den Medien erlauben. Hierzu gehören etwa Beispiele aus der Entwicklungszusammenarbeit bzw. Lebenssituationen von einfachen Dorfgemeinschaften in Entwicklungsländern oder stark komplexitätsreduzierte Situationen einer typischen deutschen Kleinstadt. Besonders bekannt sind Dörners Beispiele „Tanaland" und „Lohhausen" (z. B. Dörner 1992).

Wir wollen an einem solchem Beispiel die Darstellung systemischer Zusammenhänge erörtern. Hierzu wird in den folgenden Abschnitten ein einfaches Szenario beschrieben.

Beispiel: Der Stamm der Hilus, Teil I

„Der afrikanische Stamm der Hilus lebt von der Rinderzucht. Sein Einkommen hängt davon ab, wie viele Rinder er pro Jahr verkauft; je größer die Herde ist, desto mehr Tiere werden verkauft. Da es in ihrem Weidegebiet selten regnet, legen die Hilus einen Tiefwasserbrunnen an und errichten eine Bewässerungsanlage. Durch die Bewässerung können die Hilus das Wachstum des Grases auf ihrem Weideland wesentlich verbessern. Je mehr Gras wächst, desto mehr Rinder können ernährt werden und desto größer wird die Herde. So ist die Bewässerungsanlage kräftig in Betrieb, denn die Hilus wissen: Nimmt das Futterangebot ab, dann verkleinert sich ihre Herde wieder. Die häufige Bewässerung hat jedoch einen unvorhergesehenen Nebeneffekt: Die in dieser Region beheimatete Tse-Tse-Fliege fängt an, sich stark zu vermehren, und je feuchter die Weidegebiete sind, desto stärker vermehrt sie sich. Die Hilus sind über diese Entwicklung ziemlich erschrocken; die Tse-Tse-Fliege ist nämlich die Überträgerin der gefürchteten Rinderschlafkrankheit. Ein von der Krankheit befallenes Tier muss notgeschlachtet werden."[1]

Der Handlungsintention der Hilus liegt ein einfaches mentales Modell zugrunde: Durch künstliche Bewässerung lässt sich die Grasmenge und damit indirekt auch die Zahl der Rinder erhöhen und somit letztlich auch das Einkommen steigern. Zur Darstellung dieser einfachen Situation in einem Wirkungsnetz werden nur wenige Variablen benötigt (Stärke der Bewässerung, Grasmenge, Anzahl der Rinder bzw. Zahl der Rinderverkäufe, Höhe der Einnahmen).[2]

Eine zweckmäßige Anordnung dieser Variablen führt zu einer einfachen **linearen Wirkungskette**, bei der die beabsichtigte Wirkung im Vordergrund steht (siehe Abb. 2.5).

Aus der Situationsbeschreibung ist zu entnehmen, dass es neben der beabsichtigten Wirkung auch eine unbeabsichtigte Nebenwirkung gibt. Diese ist über eine zusätzliche Variable (Zahl der Tse-Tse-Fliegen) und deren Verknüpfung mit den anderen Variablen zu berücksichtigen. In der einfachen linearen Wirkungskette tritt damit ein neues Strukturelement auf: die parallele Wirkung zweier gegensätzlicher Beziehungen. Konkret bedeutet das in diesem Beispiel, dass die Vermehrung der Rinder durch die Bewässerung (beabsichtige Wirkung) aufgrund der parallelen Vermehrung der Tse-Tse-Fliegen und deren dezimierenden Wirkung auf die Rinderzahl (unbeabsichtigte Nebenwirkung) teilweise oder ganz kompensiert werden kann. Sogar eine Überkompensation, also eine Verminderung der Rinderzahl, ist denkbar; in diesem Fall hätte die Bewässerungsaktion genau das Gegenteil der ursprünglichen Absicht bewirkt.

---

[1] Siehe zu dieser Situationsbeschreibung z. B. Ossimitz 2000, S. 122.

[2] Bei Variablen ist jeweils auf eine zweckmäßige und eindeutige Benennung zu achten. Insbesondere sollte der Variablenname eine Quantifizierung der Variablen ermöglichen, also z. B. Umsatz, Kosten und wie hier im Hilu-Beispiel „Zahl der Rinder" anstatt nur „Rinder". Dagegen sollte eine mögliche Bewegungsrichtung der Variable nicht im Namen erscheinen, denn diese ergibt sich ja aus der jeweiligen Wirkungsbeziehung, also nicht „Erhöhung der Rinderzahl" als Variablenname.

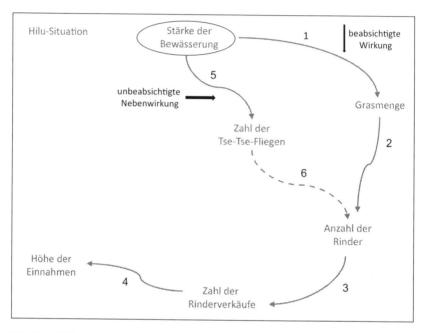

Abb. 2.5 Wirkungsnetz der einfachen Hilu-Situation

Schon an diesem einfachen Beispiel zeigt sich, warum eine bildhafte Darstellung der Situation in Form eines Wirkungsnetzes vorteilhaft ist. Eine Diskussion der möglichen Auswirkungen einer verstärkten Bewässerung ist prinzipiell zwar auch ohne Wirkungsnetz möglich, wird aber durch eine solche Darstellung erst transparent und erleichtert somit auch die Diskussion der unterschiedlichen Wirkungen. Insbesondere ist so auch klar zwischen beabsichtigter Hauptwirkung und unbeabsichtigter Nebenwirkung zu unterscheiden. Darüber hinaus wird gleichzeitig die Ergänzung des ursprünglichen mentalen Modells deutlich.

Folgende weiteren Informationen über das Leben der Hilus sind bekannt:

Beispiel: Der Stamm der Hilus, Teil II[3]
Bei ausreichenden Einnahmen können sich die Hilus auch ein Insektenvernichtungsmittel zur Bekämpfung der Tse-Tse-Fliege leisten; sind die
Einnahmen aus dem Rinderverkauf gering, können die Hilus kein Schäd-
lingsbekämpfungsmittel kaufen. Tse-Tse-Fliegen legen ihre Eier in frische
Kuhfladen. Diese müssen für einige Tage feucht bleiben (z. B. durch Regen
oder Bewässerung), damit aus den Eiern Larven schlüpfen. Die Larven
entwickeln sich (auch bei Trockenheit) binnen zwei Wochen zu ausgewach-
senen Fliegen. In ausgetrockneten Fladen werden Tse-Tse-Eier über viele
Monate konserviert und bei der nächsten mehrtägigen Feuchtperiode reak-
tiviert. Es dauert ca. zwei Jahre, bis ein trockener Kuhfladen zerfallen ist.
Deswegen nehmen die Tse-Tse-Fliegen zu, wenn es mehr Kuhfladen gibt
bzw. wenn mehr bewässert wird. Das Insektenvernichtungsmittel wirkt nur
gegen die Larven der Tse-Tse-Fliege. Es ist für das Gras und die Rinder
unschädlich und zersetzt sich sehr rasch, nachdem es ausgebracht wurde.

Aus diesen Informationen ergeben sich einige beträchtliche Konsequenzen für
die Erweiterung des ursprünglichen Wirkungsnetzes. Zunächst bedarf es der Einführung einiger weiterer Variablen (Menge des Rinderdungs, Zahl der Larven,
Menge des Insektenvernichtungsmittels). Durch systematische Berücksichtigung
der neuen Informationen lassen sich die einzelnen Wirkungen zwischen den
Variablen zu einem erweiterten Wirkungsnetz verdichten, das in Abb. 2.6
dargestellt ist.

Gegenüber dem ursprünglichen weist das erweiterte Wirkungsnetz mehrere
Besonderheiten auf. Zunächst fällt auf, dass zirkuläre Strukturen in Form von
geschlossenen Wirkungskreisen entstanden sind (grüne Wirkungsbeziehungen).
Hierbei handelt es sich um Rückkopplungsstrukturen mit unterschiedlichem
Charakter.

Erfolgt eine Aneinanderreihung mehrerer Wirkungsbeziehungen hintereinan-
der in der Art, dass sich eine geschlossene zirkuläre Struktur ergibt, handelt es
sich um Rückkopplungsbeziehungen. Hierbei ist zwischen positiven und negativen Rückkopplungen zu unterscheiden. Eine positive Rückkopplung ergibt sich,
wenn keine oder eine gerade Anzahl von negativen Wirkungsbeziehungen im

---

[3] Abwandlung des Beispiels aus Ossimitz (2000, S. 195).

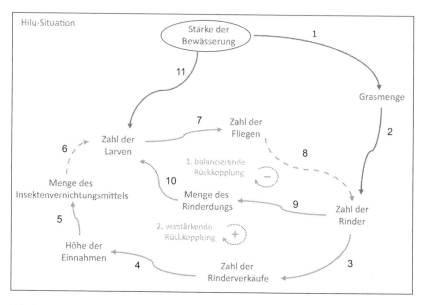

Abb. 2.6 Wirkungsnetz der erweiterten Hilu-Situation

geschlossenen Kreis vorliegt; entsprechend ergibt eine ungerade Anzahl von negativen Wirkungsbeziehungen eine negative Rückkopplung.

Vorsicht, Fallstricke!
Hierbei ist ein wichtiger Aspekt zu beachten: Kommen in einem Wirkungsnetz kumulative Größen (hier die Zustandsgröße) vor, gelten die möglichen Wirkungsrichtungen nur eingeschränkt. Aufgrund ihres (mathematisch) integrierenden Charakters können diese Größen nicht abnehmen, auch wenn die direkt auf sie verweisenden Größen (hier Zuwachs pro Periode) kleiner werden. Die Einschränkung besteht dann darin, dass die Wirkungspolarität zwischen Zuwachsgröße und Zustandsgröße nur für die Bewegung der Zuwachsgröße in eine Richtung gilt. So wird sich z. B. ein zu verzinsender Geldbetrag auf einem Konto (Zustandsgröße) nicht vermindern, wenn sich aufgrund von Zinssatzsenkungen die periodischen Zinszahlungen (Zuwachsgröße) verringern, sondern der Geldbetrag wächst auch weiterhin, allerdings in geringerem Maß als bei höherem Zinssatz. Für

die Anwendung der Methodik bzw. Symbolik bedeutet diese Einschränkung keinen wesentlichen Nachteil, soweit die Implikationen bei der Szenarienanalyse beachtet werden. Prinzipiell wäre es möglich, diesen Aspekt durch eine Modifikation der Symbolik zu berücksichtigen; dadurch würde allerdings wiederum die Darstellung verkompliziert.

Im Wirkungsnetz der erweiterten Hilu-Situation (Abb. 2.6) ergibt sich zum einen eine stabilisierende (balancierende) Rückkopplung (Folge: 7, 8, 9, 10, zum anderen eine verstärkende Rückkopplung (Folge: 3, 4, 5, 6, 7, 8). Eine Diskussion der Auswirkungen dieser Rückkopplungen auf die ursprüngliche Entscheidungssituation offenbart die Komplexität der Situation.

Über die bisher diskutierten systemdynamischen Aspekte hinaus zeigt dieses Beispiel eine weitere Grundproblematik von komplexen Systemen: Die Lösungen für vermeintlich einfache Probleme können wiederum neue Probleme hervorbringen. In Abb. 2.7 sind einige weitere Problemfelder (z. B. die Pestizid- und die Bewässerungs-Problematik) aufgeführt, die sich als Folge der Handlungen zur Verbesserung der Hilu-Situation ergeben können.

Diese weiteren Problemfelder (in Abb. 2.7 als mit unterbrochenen Linien umkreiste Variablen markiert) entsprechen zum einen der seit langem bekannten und bereits häufig beschriebenen Situation in bestimmten Regionen von Entwicklungsländern, z. B. der Sahel-Zone, und den zumeist problematischen Versuchen, mittels „Entwicklungshilfe" die Situation dort zu verbessern. So ist es auch kein Zufall, dass diese Beispiele häufig in systemischen Untersuchungen und Darstellungen als Beispiele verwendet werden. Mit den „Tanaland"-Experimenten hat z. B. Dörner (1992) eine Systemdynamik modelliert, die eine ähnliche Problemstellung (allerdings etwas komplexer) wie das hier angeführte Hilu-Beispiel behandelt. Insbesondere Vester thematisierte in seinen Arbeiten (z. B. 1976 und 2002) häufig diese Problemlagen, um die fatalen Konsequenzen einer nicht-systemischen Denkweise zu verdeutlichen. Zum anderen geht es im vorliegenden Beispiel auch um vergleichsweise neu erkannte Folgeprobleme, wie z. B. die Problematik der Methan-Emissionen von Rindern und deren Beitrag zum Klimawandel.

Eine adäquate Erfassung, Darstellung und Diskussion dieser zusätzlichen Problemfelder erfordert eine beträchtliche Erweiterung der obigen Systemdarstellung; daraus würde ein deutlich umfangreicheres, und damit auch komplexeres, Wirkungsnetz resultieren, als bei der ursprünglichen Hilu-Situation. Dies zeigt,

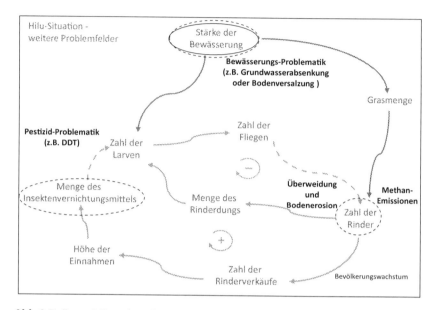

Abb. 2.7 Potenzielle weitere Problemfelder der Hilu-Situation

dass häufig erst eine Offenlegung der mentalen Modelle ein schrittweises Begreifen und Erlernen der tatsächlichen Systemkomplexität ermöglicht.

2.3   Zirkuläre Strukturen – Wirkungskreise als Grundelemente der Systemdynamik

Die Besonderheit von dynamischen Systemen beruht wesentlich auf der Rückwirkung von Systemgrößen (Variablen) auf sich selbst. Man spricht von **zirkulären Strukturen** aufgrund von **Rückkopplungen**. Solche Rückkopplungen ergeben sich, wenn die Aneinanderreihung der Wirkungsbeziehungen von mehreren Variablen jeweils in Pfeilrichtung bei einem Durchlauf einen geschlossenen Kreis ergeben; daher nennt man eine solche zirkuläre Struktur auch „**Wirkungskreis**".

Im einfachsten Fall besteht ein Wirkungskreis aus zwei Variablen, die jeweils wechsel- bzw. gegenseitig auf sich wirken. Hierbei lassen sich prinzipiell zwei verschiedene Grundcharakter von Wirkungskreisen unterscheiden (siehe

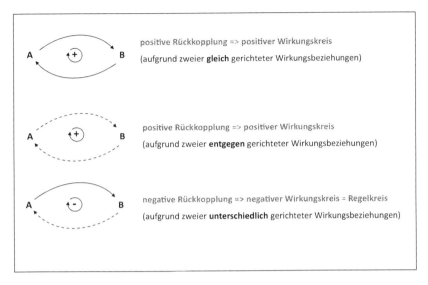

Abb. 2.8 Grundcharakter von Wirkungskreisen

Abb. 2.8): **Positiver Wirkungskreis**, falls eine positive Rückkopplung vorliegt und **negativer Wirkungskreis** im Falle einer negativen Rückkopplung.

Das Zustandekommen dieser Grundcharakterisierungen von Wirkungskreisen bedarf einer genaueren Erläuterung:

a) Eine positive Rückkopplung (und damit ein positiver Wirkungskreis) ergibt sich im einfachsten Fall, wenn zwei gleich gerichtete (gleichsinnige) Wirkungsbeziehungen jeweils aufeinander wirken
b) Ein positiver Wirkungskreis kommt aber auch zustande, wenn zwei entgegen gerichtete (gegensinnige) Wirkungsbeziehungen jeweils aufeinander wirken
c) Eine negative Rückkopplung (und damit ein negativer Wirkungskreis) entsteht aufgrund von zwei unterschiedlich gerichteten Wirkungsbeziehungen

2.3.1   Positive Wirkungskreise

Allerdings ergeben sich in den beiden Fällen der positiven Wirkungskreise trotz insgesamt positiver Rückkopplung für die beiden Variablen jeweils unterschiedliche Konsequenzen. Hierbei kommt es darauf an, welche Variable als **Startvariable** gewählt wird und in welche Richtung sich diese bewegt. In Abb. 2.9 sind hierzu jeweils Beispiele zu sehen.

In den beiden oberen Beispielen liegt jeweils ein positiver Wirkungskreis aufgrund zweier gleich gerichteter Wirkungsbeziehungen vor.

a) Im ersten Fall ist das Beispiel des Kapitalwachstums aufgrund des „**Zinseszins-Effektes**" dargestellt. Bei dieser sehr bekannten ökonomischen Grundkonstellation kommt es (bei Wiederanlage der Zinserträge) jeweils zu einem Wachstum von Kapitaleinlagen und sich daraus ergebenden Zinszahlungen. Es liegt also eine **aufwärts eskalierende** („aufschaukelnde") Situation vor.

b) Das zweite Beispiel illustriert die, ebenfalls allgemein bekannte, Situation eines „**Bank-Runs**". Wenn das Vertrauen der Kunden in eine Bank sinkt (z. B. aufgrund von Gerüchten in Medien über eine tatsächliche oder auch nur vermeintliche Schieflage der Bank), ziehen diese einen Teil ihrer Einlagen ab, daraufhin sinkt das Vertrauen der (anderen) Anleger noch weiter, mit

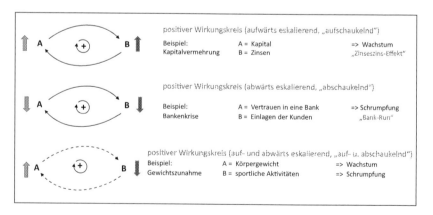

Abb. 2.9 Grundverhalten von positiven Wirkungskreisen bei verschiedenen Bewegungsrichtungen der Startvariablen (grüner, bzw. linker Pfeil)

entsprechenden Konsequenzen für die Einlagen. Diese Dynamik kann schließlich zu großen Liquiditätsproblemen und letztlich zum Zusammenbruch der Bank führen; hierfür gibt es eine Reihe historischer Beispiele. Bei beiden Variablen kommt es daher zu einer Schrumpfung; es liegt somit eine **abwärts eskalierende** („abschaukelnde") Situation vor.

c) Schließlich zeigt das dritte Beispiel den Fall eines positiven Wirkungskreises aufgrund zweier entgegen gerichteter Wirkungsbeziehungen. Bei dieser Struktur kommt es zu unterschiedlichen Bewegungsrichtungen der beiden Variablen, die eine wächst, die andere schrumpft; es liegt also eine **aufwärts eskalierende** und zugleich eine **abwärts eskalierende** Situation vor.

2.3.2 Negative Wirkungskreise – Regelkreise

Einem negativen Wirkungskreis liegt die Kombination zweier unterschiedlich gerichteter Wirkungsbeziehungen zugrunde. Bei diesem Systemverhalten liegt eine balancierende Rückkopplung vor: Die Systemreaktion wirkt der ursprünglichen Bewegungsrichtung der Startvariablen entgegen, es handelt sich daher um eine Regelung; folglich sind negative Wirkungskreise zugleich Regelkreise. Abb. 2.10 illustriert diese Variante am Beispiel „Körpertemperatur-Regelung".

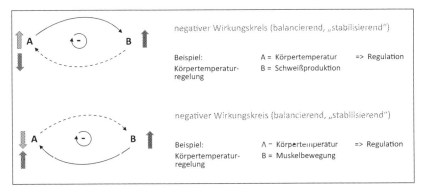

Abb. 2.10 Grundverhalten von negativen Wirkungskreisen bei verschiedenen Bewegungsrichtungen der Startvariablen

Im oberen Teil der Abbildung ist die Situation der „Überhitzung" dargestellt: Erhöht sich die Körpertemperatur eines Menschen (A steigt), z. B. durch sportliche Aktivitäten, so produziert der Körper Schweiß (B steigt), der den Körper wiederum abkühlt (A sinkt wieder).

Das Beispiel der „Unterkühlung" zeigt der untere Teil der Abbildung: Die Körpertemperatur kann aufgrund einer Unterkühlung stark sinken (A sinkt). Auch in diesem Fall gibt es eine entsprechende Gegenreaktion des Körpers und zwar indem er eine willkürliche Muskelbewegung („Schüttelfrost") in einigen Gliedmaßen auslöst (B steigt), wodurch in den Muskeln Wärme freigesetzt wird, die den Körper erwärmt (A steigt wieder) und damit der ursprünglichen Abkühlung entgegenwirkt.

Die obige Darstellung ist eine abgekürzte Variante der Funktionsweise eines negativen Wirkungskreises. Eine ausführlichere Darstellung und eine genauere Erläuterung der konkreten Wirkungsmechanismen beim Regelungsvorgang erfolgt in Abschn. 4.1.

Methodisch-didaktische und anwendungsbezogene Aspekte

3

3.1 Zur Nomenklatur und Struktur von Wirkungsnetzen

Zunächst sollen hier als Basis für die weiteren Ausführungen zusammenfassend die oben dargelegten Grundlagen für die Arbeit mit Wirkungsnetzen kompakt aufgezählt werden. Bei der Darstellung von Wirkungszusammenhängen ergeben sich in aufsteigender Reihenfolge drei verschiedene Strukturelemente (siehe Abb. 3.1):

1. Grundelement aller Darstellungen ist die einzelne **Wirkungsbeziehung** zwischen jeweils zwei Variablen.
2. Ein **Wirkungskreis** stellt die Grundstruktur eines geschlossenen Kreises in Form einer Rückkopplungsstruktur (Wirkungskreis bzw. Regelkreis) dar.
3. Ein **Wirkungsnetz** (Wirkungsgefüge) ergibt sich aus einer Kombination von einem oder mehreren Wirkungskreisen und weiteren Wirkungsbeziehungen.

Bei der Kombination mehrerer elementarer Wirkungskreise ergeben sich verschiedene Grundtypen von Wirkungsnetzen, die als **Systemarchetypen** bezeichnet werden (siehe Abschn. 4.2). Schließlich lassen sich auch mehrere Systemarchetypen miteinander kombinieren; auf diese Weise entstehen komplexe Wirkungsnetze bzw. Wirkungsgefüge.

Ein Zweck von Wirkungsnetzen besteht darin, bestimmte Szenarien durchzuspielen, die die Akteure dabei unterstützen, herauszufinden in welche Richtung sich die relevanten Systemgrößen entwickeln, wenn sich bestimmte Variablen verändern. Somit sind in die Überlegungen auch die zufällige oder absichtliche Veränderung von Startvariablen einzubeziehen.

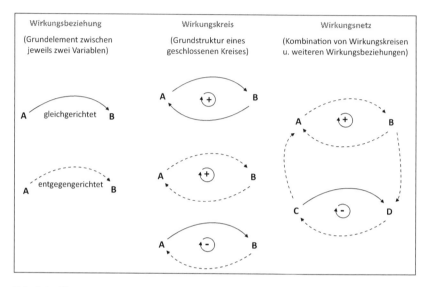

Abb. 3.1 Elemente von Wirkungszusammenhängen und deren Terminologie

Vorsicht, Fallstricke!

Häufig werden für die Darstellung der Wirkungsbeziehungen andere Bezeichnungen und Symbole verwendet als in dieser Schrift (also Darstellung gleichsinniger Wirkungsbeziehungen durch Pfeile mit durchgezogenen Linien und gegensinnige Beziehungen mit unterbrochenen Linien). Besonders beliebt ist die Charakterisierung der gleichsinnigen Wirkungsbeziehung als „positiv" (entsprechend mit einem Pluszeichen (+) markiert) und der gegensinnigen Wirkungsbeziehung als „negativ" (entsprechend mit einem Minuszeichen (−) markiert). Auf den ersten Blick erscheint diese Symbolik intuitiv gut erfassbar; allerdings zeigt sich bei genauerer Betrachtung, insbesondere im Kontext der weiteren Schritte der Systemmethodik, dass diese Symbolik auch zu Irritationen und Interpretationsschwierigkeiten führen kann.

Offensichtlich genügt es nicht, die Grundelemente von Wirkungsnetzen zu benennen und zu verstehen, sondern es kommt auch auf die konkreten Symbole und deren Interpretation an. Deshalb erfolgen hierzu einige didaktischen Erörterungen im nächsten Abschnitt.

3.2 Didaktische Aspekte bei der Benennung und Interpretation

Aus didaktischer Sicht existieren einige Schwierigkeiten, die eigentlich einfache und vermeintlich intuitive Methodik zu verstehen. Dies hat in erster Linie mit der Existenz von vier verschiedenen Betrachtungs- bzw. Bewertungsebenen zu tun, die häufig nicht klar unterschieden werden:

Vier verschiedene Betrachtungs- bzw. Bewertungsebenen:

1. Wirkungsbeziehung zwischen zwei Variablen;
2. Wirkungscharakter eines geschlossenen Wirkungskreises;
3. Bewegungsrichtungen einer Ausgangsvariablen (Startvariable) in einem konkreten Szenario;
4. Normative Bewertung des Ergebnisses.

Insbesondere hinsichtlich der Verwendung der Termini „positiv" und „negativ" für verschiedene Betrachtungsebenen ergeben sich so häufig unnötige Irritationen.[1] So bedeutet die Plus-Klassifizierung einer Wirkungsbeziehung insbesondere **nicht**, dass diese Beziehung im normativen Sinne als „gut" oder „positiv" zu bewerten wäre.

Im Extremfall (siehe Tab. 3.1) spricht man bei allen vier Ebenen von „positiven" und „negativen" Beziehungen, Wirkungen bzw. Bewegungsrichtungen. Dies kann zu großen Irritationen führen, sowohl sprachlich als auch in der Darstellung des Wirkungsnetzes aufgrund der häufigen Verwendung von Plus- und Minus-Symbolen. Im gegenteiligen Extremfall kommt man gänzlich ohne die Termini „positiv" und

---

[1] Diese Erkenntnisse ergeben sich aus den langjährigen Erfahrungen des Verfassers im Umgang mit dieser Methodik. Aufgrund zahlreicher Diskussionen in Vorlesungen, Übungen, Seminaren sowie Feedbackgesprächen zu Prüfungen, Referaten und Abschlussarbeiten ergibt sich zwar noch ein eher diffuses Bild hinsichtlich der verschiedenen Schwierigkeiten beim Verständnis der Methodik, aber immerhin die klare Erkenntnis, dass durch eine zweckmäßige Wahl von Symbolik und Benennung zumindest ein Teil der Irritationen vermindert oder gar ganz vermieden werden kann.

Tab. 3.1 Vier Bewertungsebenen für Wirkungszusammenhänge und Szenarien

Ebene	Viermalige Verwendung von „positiv" bzw. negativ"	Einmalige Verwendung von „positiv" bzw. negativ"	Keine Verwendung von „positiv" bzw. negativ"
1. Wirkungsbeziehung zwischen zwei Variablen	*Positive bzw. negative Wirkungsbeziehung*	*Gleich- bzw. entgegengerichtete Wirkungsbeziehung*	*Gleich- bzw. entgegengerichtete Wirkungsbeziehung*
2. Wirkungscharakter des geschlossenen Kreises	*Positive bzw. negative Rückkopplung*	*Positiver bzw. negativer Wirkungskreis*	Selbstverstärkender bzw. balancierender Wirkungskreis
3. Bewegungsrichtung einer Variablen in einem Szenario	Positive bzw. negative Veränderung einer Startvariablen	Erhöhung oder Verminderung einer Startvariablen	Erhöhung oder Verminderung einer Startvariablen
4. Normative Bewertung des Ergebnisses	Als positives bzw. negatives Ergebnis	Erwünschtes (gutes) bzw. unerwünschtes (schlechtes) Ergebnis	Erwünschtes (gutes) bzw. unerwünschtes (schlechtes) Ergebnis

„negativ" aus. Es empfiehlt sich die mittlere Variante, bei der nur der Wirkungskreis mit „positiv" und „negativ" benannt wird.

Gegen die zusätzliche Beschriftung einer Wirkungsbeziehung in einem Wirkungsgefüge spricht die erhöhte Unübersichtlichkeit, die sich daraus ergibt. Didaktisch besser ist die grafische Unterscheidung von Wirkungsbeziehungen mittels Gestaltung der Pfeile als durchgezogene Linien (bei gleichgerichteten Wirkungsbeziehungen) und als unterbrochene Linien (bei entgegen gerichteten Wirkungsbeziehungen), so wie dies in den systemischen Darstellungen von Vester der Fall ist.[2]

Irritationen durch die Existenz verschiedener Varianten der Systemmethodik
Weitere Irritationen kommen daher, dass mittlerweile eine ganze Reihe von verschiedenen Varianten und Darstellungsmöglichkeiten der Systemmethodik existiert,[3] die sich bzgl. bestimmter Attribute mehr oder weniger deutlich unterscheiden. Entsprechend finden sich in vielen Darstellungen (insbesondere bei Materialien aus dem Internet) zur Systemmethodik unterschiedliche Mischungen der Möglichkeiten, teils ohne klare Benennung oder Begründung.

Da für die Methodik Rückkopplungsstrukturen bzw. geschlossene Wirkungskreise von zentraler Bedeutung sind, konzentrieren sich die Ausführungen hier darauf. Es geht um eine möglichst zweckmäßige Kennzeichnung und Benennung von Rückkopplungen.

Kriterien für Benennung und Darstellung von Rückkopplungen:

- Eindeutigkeit, Übersichtlichkeit
- Handhabung, Praktikabilität
- Alphanumerisch statt Bildsymbole
- Wirkungskreise direkt zählbar (S1 statt $+1$, B1 statt -1)
- Entsprechung Deutsch – Englisch

---

[2] Der Systemdenker Frederic Vester hat sich u. a. mit Lernprozessen und Grundlagen der Lernbiologie beschäftigt (siehe Vester: „Denken, Lernen, Vergessen", 40 Auflagen zwischen 1975 und 2020). Auf dieser Basis erfolgten auch seine didaktischen Überlegungen zur Darstellung vernetzter Systemzusammenhänge. Es ist daher kein Zufall, dass Vester eine Darstellung wählt, die auf zusätzliche Kompliziertheit verzichtet und so bei den lernenden Nutzern hemmende Denk- und Lernblockaden vermeidet.

[3] Neben der hier bereits erwähnten „Vester-Methodik" gibt es insbesondere die Varianten im Umfeld der „System Dynamics" (Forrester 1971), der St. Galler Systemvariante (z. B. Ulrich/Probst 1991) sowie „Systems Thinking" (z. B. Richmond 1993), jeweils häufig mit weiteren Untervarianten. Darüber hinaus gibt es auch einige sprachliche Unterschiede bzgl. deutsch- und englischsprachigen Bezeichnungen.

Tab. 3.2 Zweckmäßige Benennungen von Wirkungskreisen

Effekt	dt. Synonyme	engl. Synonyme	Abkürzung
Positive Rückkopplung (+)	Verstärkend, Selbstverstärkend	Reinforcing, Selfenforcing, positive Loop	S, P
Negative Rückkopplung (−)	Balancierend, Zielsuchend, Kompensierend, Anpassung, **Regelung**	Balancing, negative Loop	B, N

Bei einer Zusammenstellung typischer Varianten und Zuordnung nach diesen Kriterien ergeben sich zweckmäßige Benennungen nach Tab. 3.2:

Damit ist dann auch klar, dass „Wirkungskreis" die übergeordnete Bezeichnung von Rückkopplungen generell betrifft und nur ein negativer Wirkungskreis (negative Rückkopplung) ist auch ein Regelkreis.

3.3   Identifikation von „Teufelskreisen"

Häufig ist bei bestimmten Wirkungskreisen und Wirkungsnetzen von „Teufelskreisen" die Rede, die hier jeweils vorliegen sollen. Damit ist i. d. R. eine Situation gemeint, bei der die Systemdynamik für einen daran beteiligten Akteur, bzw. einen bewertenden Beobachter, eine unerwünschte Entwicklung annimmt, weil sich die Situation aufgrund der Rückkopplung immer weiter verschlechtert (also hat der „Teufel" seine Hand im Spiel). Andere mögliche Bezeichnungen für dieses Phänomen lauten „Misserfolgs-Logik" bzw. „Misserfolgs-Dynamik".

Es stellt sich die Frage, welche Systemstrukturen einen „Teufelskreis" darstellen bzw. begründen. Hierzu gibt es in der einschlägigen Literatur recht verschiedene Darstellungen und Meinungen, die i. d. R. jedoch keine logisch konsistenten Erklärungen liefern. Häufig wird die Charakterisierung eines Wirkungskreises als „Teufelskreis" lediglich anhand des Wirkungscharakters dieses Kreises bestimmt.[4] Entsprechend finden sich Darstellungen und Meinungen, die davon ausgehen, dass positive Rückkopplungen (bzw. Wirkungskreise) immer auch

---

[4] Ein Grund für diese unklare Charakterisierung könnte darin liegen, dass ein wichtiges Werk von Forrester (World Dynamics, 1971), das auch in deutscher Übersetzung erschien, für die deutsche Ausgabe einen ebenso unpassenden wie irreführenden Haupttitel erhielt: „Der teuflische Regelkreis" (1972).

Tab. 3.3 Beispiele für erwünschte und unerwünschte Situationen bei Wirkungskreisen

Positive Rückkopplung	Erwünscht	Unerwünscht
Abhängig v. Ausgangslage o. persönlicher Betroffenheit	Wachstum eines Guthabens (Zinseszinseffekt)	Wachstum eines Schuldenstandes (Zinseszinseffekt)
Abhängig v. Endzustand bzw. Verlauf	Wachstum der Körpergröße/ Gewicht; innerhalb einer kulturellen Norm	Wachstum der Körpergröße/ Gewicht; außerhalb einer kulturellen Norm
Bankenkrise („Bank-Run")		Schrumpfung v. Vertrauen und Kundeneinlagen
Ankurbelung einer Entwicklung („Investitionsmotor")	Wachstum v. Umsatz und Investitionen	
Negative Rückkopplung	**Erwünscht**	**Unerwünscht**
Regulierung v. Wachstum nahe Maximum bzw Optimum	Körpergröße, Tierpopulation, Umsatz, Kosten etc.	Epidemien, Konflikte, defensive Kosten
Regulierung v. Wachstum nahe Ausgangszustand	Zellentartungen, Epidemien, Konflikte, defensive Kosten	Körpergröße, Marktanteil, Umsatz etc.

zu „Teufelskreisen" führen. Dies stellt jedoch eine unzulässige Vereinfachung der tatsächlichen Verhältnisse dar, wie die folgenden Beispiele verdeutlichen (Tab. 3.3).

Diese Beispiele zeigen, dass es für die Charakterisierung einer Rückkopplungsdynamik auf das Zusammenwirken von drei der vier oben genannten Komponenten ankommt:

1. Grundcharakter des Wirkungskreises;
2. Bewegungsrichtung der Startvariablen;
3. Normative Bewertung durch Beobachter bzw. Betroffene.

Daher kann die Eigenschaft „Teufelskreis" nicht allein einem Wirkungskreis an sich zugeordnet werden, sondern es bedarf der Betrachtung der gesamten Situation aus diesen drei Komponenten. Insofern sollte man besser von einer **„Teufelskreis-Situation"** bzw. **„Teufelskreis-Konstellation"** sprechen, als von einem „Teufelskreis" an sich.

In Fällen, bei denen die Systemdynamik zunehmend zu einer normativ erwünschten Entwicklung führt, spricht man von einem „**Engelskreis**", (alternativ: „Erfolgslogik" bzw. „Erfolgsdynamik"). Auch hierzu finden sich in der Literatur Beispiele, die fälschlicherweise pauschal alle negativen Wirkungskreise (Regelkreise) als „Engelskreise" charakterisieren. Eine solche Zuordnung ist jedoch nicht zweckmäßig, wie ebenfalls die Beispiele in Tab. 3.3 illustrieren.

3.4   „Laundry-list Thinking" versus „Systems Thinking"

In der einschlägigen Literatur zur Systemmethodik bzw. zum Systemdenken (Systems Thinking (ST)) findet sich eine Reihe von Beispielen und Begründungen für den Unterschied zwischen dem linearen Ursache-Wirkungs-Denken einerseits und dem systemischen Denken andererseits. Diese Beispiele illustrieren mehr oder weniger deutlich die Unterschiede zwischen diesen beiden grundsätzlich verschiedenen Ansätzen zur Problem- bzw. Situationsbeschreibung.

Dies sei hier anhand eines Beispiels von Richmond aufgezeigt, das in der ST-Szene eine gewisse Verbreitung gefunden hat. In diesem Beispiel führt Richmond (1993, S. 117 f.) aus, dass informierte Personen, die nach den Gründen für die Problematik der globalen Überbevölkerung gefragt werden, i. d. R. eine Reihe von Argumenten (z. B. Armut, Unterernährung, mangelnde Gesundheit und Bildung) in Form einer einfachen Liste ("laundry list") aufzählen. Daher bezeichnet Richmond diese, weitverbreitete bzw. häufigste, Art des problembearbeitenden Denkens auch als „Laundry-list Thinking".

Aus dieser Perspektive stellt sich das thematisierte Problem, hier die Überbevölkerung, als Resultat verschiedener additiver Ursachen dar, die lediglich implizit mit individuellen Gewichtungen versehen werden: also zunächst die wichtigste, dann die zweitwichtigste Ursache usw. Diese Variante eines mentalen Modells lässt sich formal als multiple lineare Regressionsgleichung darstellen:

$$Y = a_0 + a_1 X_1 + a_2 X_2 + \ldots + a_n X_n$$

Y: abhängige Variable; X_i: unabhängige Variablen; a_i: Gewichtungsfaktoren (bzw. Koeffizienten) für jede der unabhängigen Variablen.

Hinter diesem mentalen Modell stehen somit folgende vier impliziten Annahmen (Richmond 1993, S. 118):

1. Jeder Faktor liefert einen Beitrag zur „Wirkung"; d. h. die Kausalität läuft immer in eine Richtung;
2. Jeder Faktor wirkt unabhängig von den jeweils anderen;
3. Die Einflussstärke jedes Faktors ist fix vorgegeben (jeweils durch den Koeffizienten a_i);
4. Die Art des Einflusses der einzelnen Faktoren ist nicht explizit angegeben (durch das Vorzeichen der Koeffizienten werden lediglich positive und negative Einflüsse unterschieden).

In dieser linearen Analyse eines eigentlich komplexeren Zusammenhangs liegt eine problematische Problemverkürzung, insbesondere durch die reduktionistische Annahme, dass die einzelnen Faktoren jeweils unabhängig voneinander wirken. Insbesondere in den Sozial- und Wirtschaftswissenschaften arbeiten leider (zu) viele Studien (lediglich) mit dieser Art der linearen Regression. Trotz ausgefeilter mathematischer Methoden sind die inhaltlichen Aussagen solcher Regressionsanalysen häufig nur sehr begrenzt gültig. Zugleich wird aufgrund der mathematischen Methodik aber eine Wissenschaftlichkeit suggeriert, die i. d. R. nur eingeschränkt bzw. sogar nur vermeintlich gegeben ist.

Die Methodik des Systemdenkens („Systems thinking paradigm") geht gegenüber dem linearen Ansatz von alternativen Annahmen aus (Richmond 1993):

1. Jede Ursache ist in einem zirkulären Prozess sowohl mit ihrer Wirkung als auch mit jeder der anderen Ursachen verknüpft. Es liegen also Wirkungskreise (Feedback loops) vor. In diesem Perspektivenwechsel von der linearen und einseitig gerichteten zur zirkulären Kausalität sowie von unabhängigen Faktoren zu interdependenten Beziehungen ist ein tiefgreifender Prozess zu sehen. Das alte Paradigma der Aneinanderreihung von statischen Reiz-Reaktions-Beziehungen wird abgelöst durch das systemische Paradigma der fortlaufenden, interdependenten, sich selbst erhaltenden und dynamischen Prozesse.
2. Das Systemdenken geht davon aus, dass sich die Stärke der Beziehungen in Wirkungskreisen mit der Zeit verändert, also zu- und abnimmt. Zunächst können einige Wirkungskreise dominieren und dann von anderen abgelöst werden und so weiter. Daher wird die Bearbeitung eines Problems nicht als einmalige Aufgabe betrachtet. Vielmehr wird es als notwendig erachtet, in fortlaufenden und voneinander abhängigen Beziehungen zu denken, deren Stärke im Laufe der Zeit variiert, teilweise als Reaktion auf Interventionen, die am System vorgenommen wurden.

3. Aus dem Paradigma des Systemdenkens folgt, dass es nicht ausreicht, die Faktoren zu identifizieren, die mit einem identifizierten Problem (hier die Überbevölkerung) korreliert sind. Sondern dass es erforderlich ist, genauere Erklärungen dafür zu liefern, wie das Problem zustande kommt.

3.5 Interdependenz von und zwischen Wirkungskreisen

Das Denken in Wirkungs- bzw. Regelkreisen wurde stark von Frederic Vester (z. B. 1976) propagiert und in wesentlichen Aspekten gegenüber dem Ansatz Forresters weiterentwickelt. So hatte Vester insbesondere erkannt, dass in Wirkungsnetzen nicht immer eindeutige und isolierbare Wirkungskreise vorhanden sind bzw. als solche identifiziert werden können. Vielmehr kommt es häufig vor, dass Systemvariablen, die Teil eines Wirkungskreises sind, auch von Systemvariablen eines anderen Wirkungskreises beeinflusst werden und sich durch diese zusätzlichen Konstellationen weitere (implizite) Wirkungskreise ergeben können bzw. mehrere miteinander verwobene Wirkungskreise insgesamt ein anderes Systemverhalten bedingen. Es liegt also eine komplexe Charakteristik von Wirkungsnetzen vor, die einer entsprechenden Analysemethode bedarf, um das Systemverhalten zu verstehen. Hierzu hat Vester (2002) mit seinem Team das softwarebasierte Tool „Sensitivitätsmodell" entwickelt, das in besonderer Weise dazu geeignet ist, die in einem Wirkungsnetz tatsächlich vorhandenen expliziten und impliziten (bzw. direkten und indirekten) Wirkungskreise zu identifizieren und nach ihrer jeweiligen Grundcharakteristik zu sortieren.

Vesters Regelkreis-Verständnis – komplexe Charakteristik von Wirkungsnetzen

Entscheidend an Vesters Betrachtungen zum Prinzip der Regelung in verkoppelten Systemen ist, dass er das spezielle Regelungsprinzip, wie es von technischen (z. B. Heiztemperaturregelung mittels Thermostat) und biologischen Systemen (z. B. Blutdruckregelung im Körper von Säugetieren) her bereits seit langer Zeit bekannt ist, auf eine allgemeine Ebene überträgt und damit die Universalität des Regelungsprinzips in Systemen von unterschiedlichster materieller Beschaffenheit und verschiedenen Funktionsweisen aufzeigt.

Darüber hinaus macht er auch klar, dass die typischen Größen (Regelgröße, Sollwert, Stellgröße, Störgröße) zur Beschreibung eines technischen oder biologischen Regelkreises in komplexen Systemen jeweils ganz unterschiedliche Rollen einnehmen können und dass dies weitgehende Konsequenzen für das Verständnis eines solchen Systems hat:

„Nun richtet sich aber auch der Regler selbst ... außerdem noch nach einer Führungsgröße, die über ihm steht und die den ... Sollwert vorgibt. Dieser Sollwert mag seinerseits veränderlich sein, indem er z. B. selbst wieder die Regelgröße eines anderen Regelkreises ist. Diese Regelgröße wiederum mag der Stellwert eines dritten Regelkreises sein und dieser insgesamt vielleicht die Störgröße eines weiteren. So gibt es in der Wirklichkeit nie isolierte, abgeschlossene Regelkreise, sondern immer nur miteinander in Wechselbeziehung stehende, offene Systeme von mehreren vernetzen Regelkreisen, deren Sollwerte voneinander abhängen." (Vester 1980, S. 61).

Sowohl terminologisch als auch vom Grundverständnis der konkreten Funktionsweise des Regelungsprinzips bezieht sich das in obigem Zitat zum Ausdruck kommende Regelkreis-Verständnis Vesters noch zu sehr auf das damals vorherrschende bzw. übliche kybernetische Verständnis als Kybernetik 1. Ordnung. Zugleich wird jedoch mit dem Hinweis auf die (selbstorganisatorische) Entstehung eines vernetzten Regel- bzw. Wirkungskreissystems ein zentrales Anliegen der Kybernetik 2. Ordnung angesprochen.

Um Vesters Grundanliegen bei der Darstellung und Analyse von Wirkungsnetzen angemessen zu berücksichtigen, bedarf es jedoch nicht der engen terminologischen Analogie zum technischen und biologischen Regelkreisverständnis. Es reicht vielmehr aus, aufzuzeigen und klarzumachen, dass Wirkungskreise auf verschiedene Weise miteinander in Wechselbeziehungen treten können und sich daraus wiederum eine jeweils andere Systemstruktur und damit i. d. R. auch ein anderes Systemverhalten ergeben. Aus didaktischen Gründen ist eine zu enge Übernahme der regelungstechnischen Terminologie ungünstig, konzeptionell-methodisch nicht notwendig sowie sprachlich zu technokratisch anmutend. In seinen späteren Arbeiten und Darlegungen der Methodik ist Vester (z. B. 2002) weitgehend ohne diese enge Bezugnahme zum technischen Regelkreisprinzip ausgekommen.

Basistypen und elementare Grundmuster des Systemdenkens

4

4.1 Systemdynamische Grundtypen

4.1.1 Die Basistypen – selbstverstärkende und regulierende Prozesse

Komplexere Wirkungsnetze beruhen auf einer Kombination verschiedener Wirkungskreise. Daher ist es wichtig, die Basistypen des Systemverhaltens grundlegend zu verstehen. Zunächst werden die beiden originären Grundtypen „Selbstverstärkender Prozess" und „Balancierender Prozess" dargestellt. Einmal handelt es sich um den Grundtyp eines geschlossenen Wirkungskreises mit dem Charakter einer positiven Rückkopplung, beim anderen um einen Wirkungskreis mit negativer Rückkopplung. Die nachfolgenden Abbildungen zeigen diese grundlegenden Rückkopplungsprozesse in ihrer Struktur und der dazugehörigen Systemdynamik.[1]

1. Selbstverstärkende Prozesse durch positive Rückkopplung
Bei diesem Basistyp wirkt eine Systemgröße (Zustandsgröße) mit einer gleichsinnigen Wirkung auf sich selbst zurück. Als einfachstes Beispiel hierfür kann das exponentielle Wachstum einer Systemgröße genannt werden. Wegen der grundsätzlichen Bedeutung von Wachstumsprozessen und deren weite Verbreitung in vielen Wissenschaftsdisziplinen ist hier die Variante der „integrierenden Zustandsgröße" dargestellt, für die obige Einschränkung gilt (siehe Abschn. 2.2). Die symbolische Darstellung in einer Wirkungsbeziehung, die mathematische Formulierung sowie die grafische Darstellung des zeitlichen Verlaufs der Systemgröße zeigt Abb. 4.1.

---

[1] Diese Grundtypen finden sich in ähnlicher Form in einschlägigen systemwissenschaftlichen Publikationen, z. B. in Senge 2008 und Meadows 2008.

T. Göllinger, *Schlüsselkompetenz Vernetztes Denken*, essentials, https://doi.org/10.1007/978-3-658-42897-6_4

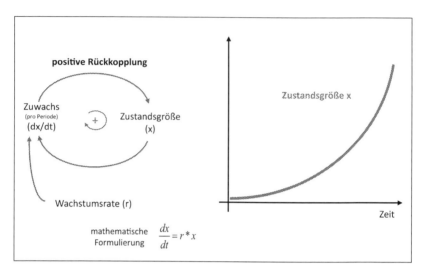

Abb. 4.1 Selbstverstärkender Prozess

Damit eine Größe überhaupt aus kleinsten Anfängen heraus einen existenziellen Schwellwert nach oben überschreiten kann, muss diese zunächst über einen selbstverstärkenden Prozess, also mittels positiver Rückkopplung, zum Wachsen gebracht werden. In diesem Falle wirkt die positive Rückkopplung wie ein „Motor", der das System erst richtig zur Entfaltung bringt. Selbstverstärkung bzw. positive Rückkopplung liegt aber auch vor, wenn sich ein System, ausgehend von einem hohen Niveau der charakteristischen Systemgröße, immer weiter nach unten entwickelt, es also zu einem Kollaps kommt. Vielfach wird die Existenz einer bestimmten Größe (Variable), bzw. deren Anwachsen über einen bestimmten Schwellwert hinaus, stillschweigend vorausgesetzt und nur das Problem bzw. die Gefahr eines zu starken weiteren Anstiegs thematisiert.

Das Bewusstsein für die Bedeutung selbstverstärkender Prozesse zur Erklärung bestimmter ökonomischer und gesellschaftlicher Phänomene bzw. Entwicklungen ist in den letzten Jahrzehnten stark gestiegen. Sowohl die Evolutorische Ökonomik als auch die Strategieforschung untersuchen Phänomene der Pfadentstehung und der Pfadabhängigkeit, z. B. bei der Durchsetzung von Technologie-Alternativen oder von Geschäftsmodellen (Göllinger 2012).

2. Regulierende Prozesse durch negative Rückkopplung

Beim Basistyp des regulierenden Prozesses (auch „balancierender Prozess", Zielannäherung bzw. Regelung genannt) wirkt eine Systemgröße (Zustandsgröße) mit einer entgegen gerichteten Wirkung auf sich selbst zurück (siehe Abb. 4.2). Hierzu wird mittels eines Vergleichs des erwünschten bzw. erforderlichen Zielwertes (Soll-Zustand) mit dem tatsächlichen Wert der Zustandsgröße (Ist-Zustand) die Soll-Ist-Abweichung ermittelt und dann eine korrigierende Handlung eingeleitet, die die Zustandsgröße in die gewünschte Richtung korrigiert und damit die Soll-Ist-Abweichung vermindert, was wiederum eine Abschwächung der korrigierenden Handlung zur Folge hat. Dieses Prinzip gilt nicht nur für den hier dargestellten einfachen Fall, dass die Zielgröße einen konstanten Wert darstellt, sondern auch im Falle einer ständigen Annäherung an eine dynamisch veränderliche Zielgröße.

Das Prinzip der negativen Rückkopplung ist aufgrund seiner großen Verbreitung und Bedeutung in Natur, Technik, Wirtschaft und Gesellschaft prinzipiell gut bekannt und häufig populär beschrieben. Ebenso ist es Grundlage der Regelungstheorie in diversen Disziplinen (Regelungstechnik, Wirtschaftskybernetik etc.) und somit ein essentieller Kern der Kybernetik 1. Ordnung.

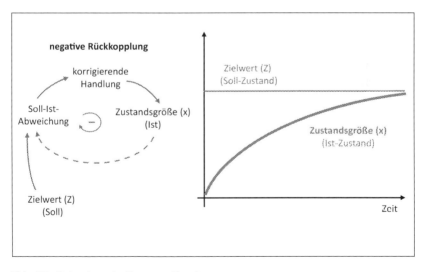

Abb. 4.2 Balancierender Prozess – Regelung

4.1.2   Weitere Grundtypen

Aus den beiden Basistypen lassen sich durch Variationen und Erweiterungen weitere Grundtypen ableiten.

1. Erweiterung: Zeitverzögerte Balance bzw. Gleichgewichtsprozess mit Verzögerung

Bereits weiter oben wurde der Aspekt der Zeitverzögerung als wichtig für das Verständnis einer konkreten Systemdynamik angesprochen. Dies soll hier anhand der Abb. 4.3 vertieft werden. In einem System können an verschiedenen Stellen Zeitverzögerungen auftreten. Bei den hier im Zentrum stehenden sozioökonomischen Systemen mit entsprechenden Handlungsakteuern lässt sich zunächst die **entscheidungsbedingte Verzögerung** identifizieren. Dies umfasst Zeitverzögerungen, die z. B. durch den Zeitbedarf für die Analyse der Soll-Ist-Abweichung entstehen sowie auch solche, die aus dem Zeitbedarf für die Diskussion und Einleitung der notwendigen Korrekturmaßnahmen resultieren. Schließlich benötigen auch korrigierende Handlungen eine gewisse Zeit, bis sie ihre jeweiligen Wirkungen entfalten können (**handlungsbedingte Verzögerungen**).

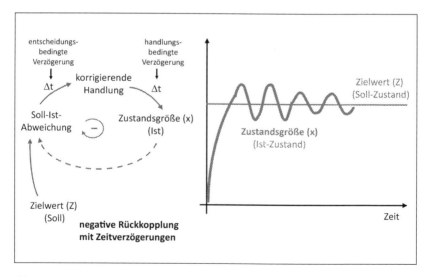

Abb. 4.3 Zeitverzögerte Balance

Insgesamt bewirken die Zeitverzögerungen, dass sich die Zustandsgröße trotz korrigierender Handlung nicht sofort bzw. nicht ausreichend dem erwünschten Sollwert annähert. Falls der Grund (also die Zeitverzögerung) für die mangelnde Annäherung an den Sollwert von den Akteuren nicht richtig erkannt wird, neigen diese dazu, stärkere Korrektur-Maßnahmen als notwendig vorzunehmen. In diesem Fall wächst die Zustandsgröße dann über das Ziel hinaus (Overshoot), was i. d. R. Korrektureingriffe in die andere Richtung nach sich zieht. Dieses Wechselspiel kann sich mehrfach wiederholen, die Zustandsgröße schwankt dann periodisch um den Zielwert (Oszillation). Häufig werden die Akteure mit der Zeit vorsichtiger und dosieren die Korrektur-Maßnahmen immer feiner, bis sich die Zustandsgröße schließlich an den Zielwert annähert (Einschwingen).

Beispiele für Zeitverzögerungen und Einschwingvorgänge

a) Temperatureinstellung beim Duschen und Heizen: Die Temperatur des Duschwassers reagiert erst mit einer gewissen Zeitverzögerung auf die Temperatureinstellung durch eine entsprechende Betätigung der Wasserarmatur. Da das Wasser zunächst weiterhin noch zu kalt ist, wird die Armatur immer weiter in Richtung Warmwasser aufgedreht. Nach einer gewissen Zeit kommt dann zu heißes Wasser aus der Dusche. Häufig folgt darauf dann die Überreaktion, dass man die Temperaturwahl wieder zu stark auf „kalt" einstellt. Ähnlich verhält es sich mit der (manuellen) Temperatureinstellung bei der Heizung im Haus; hier sind die Zeitverzögerungen zwischen der Betätigung des Thermostats und der Erwärmung eines Raumes wesentlich größer als im Duschbeispiel.

b) Zeitverzögerungen beim Marktprozess: Ein bekanntes Beispiel aus der Ökonomie hat diesem Phänomen zu einer markanten Bezeichnung verholfen, der „Schweinezyklus". Beim Marktprozess handelt es sich bzgl. des Zusammenspiels von Angebot und Nachfrage einerseits sowie des Preises andererseits um einen Regelungsvorgang. Bei einem in Relation zur Nachfrage geringen Angebot an Schweinen steigt der Preis stark an. Dies animiert die Produzenten dazu, zukünftig mehr Schweine zu züchten; diese benötigen jedoch eine bestimmte Zeit für die Aufzucht und erhöhen daher das Angebot erst mit einer Zeitverzögerung, sodass der hohe Preis und damit der Anreiz zur weiteren Angebotserhöhung während der Aufzuchtphase erhalten bleiben. Kommen die

Schweine dann auf den Markt, dreht sich zunehmend das Verhältnis von Angebot zu Nachfrage um; es entsteht ein Angebotsüberschuss mit entsprechend sinkenden Preisen. Auch dieser Prozess kann sich mehrfach wiederholen. Die gleiche Struktur liegt den immer wiederkehrenden Fehlanpassungen beim Bedarf von Fachkräften in bestimmten Berufen bzw. die Nachfrage nach entsprechenden Ausbildungsgängen zugrunde, historisch z. B. bei Lehrern, Ärzten, Ingenieuren, Betriebswirten und Juristen, was dann zu den für alle Betroffenen unangenehmen Phänomenen von Unter- bzw. Überangeboten (z. B. „Lehrermangel" bzw. „Lehrerschwemme") führt.

Ein System mit größeren Zeitverzögerungen reagiert mehr oder weniger träge auf korrigierende Handlungen. Bei einer Fehleinschätzung der charakteristischen Zeitverzögerung neigen Akteure zur Überreaktion; sie vermindern die Soll-Ist-Diskrepanz erst nach einigen Versuchen, in ungünstigen Fällen verstärken sie diese sogar noch. Daher kann durch die Zeitverzögerung im Extremfall aus einer negativen Rückkopplung eine positive werden, dann wird das System instabil und läuft „aus dem Ruder". Nur durch eine eingehende Analyse der verschiedenen Faktoren und ihrer jeweils charakteristischen Zeitverzögerungen entsteht ein Verständnis für das Systemverhalten. Korrigierende Eingriffe sollten daher nur behutsam und mit der nötigen Geduld erfolgen, damit das System genügend Zeit hat, sich auf die Korrekturimpulse einzustellen.

2. Erweiterung: Logistische Wachstumsprozesse

Bei positiven Rückkopplungen, also bei Wachstumsprozessen, besteht prinzipiell das Problem, dass diese irgendwann an eine Grenze kommen, weil sich die Ressourcen- bzw. die Tragekapazität erschöpft, die materiell dem Wachstumsprozess zugrunde liegt. Diese Abschwächung des Wachstums kann prinzipiell entweder durch eine Reduktion der Wachstumsrate erfolgen und damit durch eine asymptotische Annäherung an die Kapazitätsgrenze, man spricht vom „logistischen Wachstum", oder durch einen Zusammenbruch des Systems aufgrund eines unkontrollierten Überschreitens der Kapazitätsgrenze. Für beide Varianten finden sich sowohl Beispiele in der Natur (z. B. Zusammenbruch einer Tierpopulation aufgrund Übernutzung der Nahrungsgrundlage bzw. Anpassung an die Nahrungsressource durch Verminderung der Vermehrungsrate) als auch in Wirtschaft und Gesellschaft. Für den Fall einer Annäherung an die Kapazitätsgrenze durch eine Verminderung der

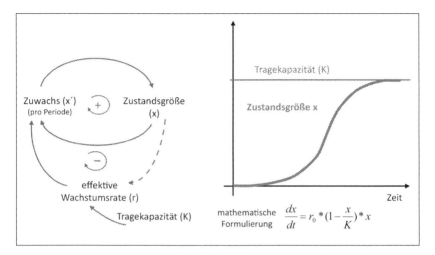

Abb. 4.4 Logistisches Wachstum

effektiven Wachstumsrate ist die Struktur des Wirkungsgefüges sowie der zeitliche Verlauf der Zustandsgröße in Abb. 4.4 dargestellt.

Dem logistischen Wachstum liegen also die beiden fundamentalen systemdynamischen Basistypen zugrunde, die auf eine bestimmte Weise miteinander kombiniert werden:

a) das Prinzip des selbstverstärkenden Prozesses (positive Rückkopplung) und
b) das Prinzip des balancierenden Prozesses (negative Rückkopplung).

Damit die Zustandsgröße aus kleinsten Anfängen wachsen kann, muss eine ausreichend große Wachstumsrate wirken können; in dieser Phase dominiert also die positive Rückkopplung. Mit zunehmender Annäherung an die Kapazitätsgrenze geht es darum, die Wachstumsrate zu reduzieren; dazu ist es erforderlich, dass die negative Rückkopplung über die positive dominiert.

Funktionsfähigen Systemen in der Natur gelingt es i. d. R., die Wachstumsrate rechtzeitig zu reduzieren und damit die Wachstumsgröße auf ein erträgliches Maß zu begrenzen bzw. einen zu starken Anstieg und evtl. Zusammenbruch zu vermeiden. Aufgrund dieses universell beobachtbaren, fundamentalen Systemverhaltens in der Natur hat der Systemwissenschaftler Frederic Vester diese systemische Grundstruktur als eine allgemeine Regel (über)-lebensfähiger Systeme identifiziert und darauf basierend seine erste „**Biokybernetische Grundregel**" formuliert: „Negative Rückkopplung muss über positive Rückkopplung dominieren" (siehe Vester 1976 sowie Göllinger/Harrer 2015, S. 46 f.).

3. Erweiterung: Überschießende logistische Wachstumsprozesse

Auch bei der Grundstruktur des logistischen Wachstums liegen häufig Zeitverzögerungen vor, die eine asymptotische Annäherung an die Tragekapazität erschweren. In Abb. 4.5 ist die Zeitverzögerung als Wirkungsverzögerung bei der gegensinnigen Wirkung der Zustandsgröße auf die Wachstumsrate dargestellt. Die Zeitverzögerung wirkt also im negativen Rückkopplungskreis und hat daher prinzipiell eine ähnliche Auswirkung auf die Zielannäherung wie beim Basistyp des negativen Wirkungskreises mit Verzögerung.

Aufgrund der Zeitverzögerung schießt die Zustandsgröße zunächst über die Tragekapazität hinaus und nähert sich erst allmählich dieser Grenze an. In bestimmten Fällen kann das (zeitweilige) Überschreiten der Kapazitätsgrenze zu einer Erosion der Tragekapazität führen; diese kann also geschädigt werden, in manchen Fällen sogar irreversibel. Dann liegt ein ernsthaftes Problem vor; denn zusammen mit der Tragekapazität nimmt auch die Zustandsgröße stark ab, beide können regelrecht einbrechen. Hierfür gibt es jeweils eine Reihe ökologischer (z. B. Herdensterben

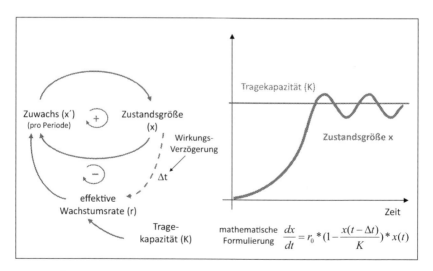

Abb. 4.5 Überschießendes logistisches Wachstum

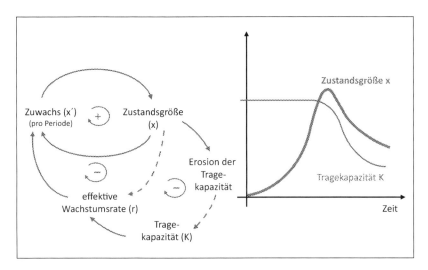

Abb. 4.6 Überschießendes logistisches Wachstum mit Kollaps

durch Überweidung) und ökonomischer (z. B. Finanzkollaps durch Überschuldung) Beispiele.

Abb. 4.6 zeigt diese Struktur als zusätzliche gleichsinnige (Zustandsgröße auf Erosion der Tragekapazität) sowie gegensinnige (Erosion auf Tragekapazität) Wirkungsbeziehung, woraus wiederum insgesamt ein weiterer negativer Wirkungskreis resultiert. Zum besseren Verständnis dient das folgende, relativ aktuelle Beispiel.

Beispiel: Covid-19-Pandemie (Corona)
Im Gegensatz zu einer weit verbreiteten Annahme war während der Corona-Pandemie nicht die Gesamtzahl der Infizierten die kritische Größe (Zustandsgröße x) für politische Entscheidungen bzgl. Lockdown-Maßnahmen etc., sondern die aus systemdynamischer Perspektive eigentlich relevante Zahl der Intensivpatienten. Denn die Anzahl der „Intensivbetten" war der limitierende Faktor, also die Tragekapazität K. Mit „Intensivbetten" ist die gesamte jeweilige medizinische Infrastruktur gemeint, also nicht nur das physische Bett an sich, sondern ebenso die Ausstattung mit dem erforderlichen Equipment und dem medizinischen Personal, das sich

als eigentlicher Engpass herausstellte. Dementsprechend durfte die Zahl der Intensivpatienten nicht über die Zahl der Intensivbettenplätze steigen, weil ansonsten die medizinische Versorgung dieser Patienten nicht gewährleistet werden konnte, was entsprechend drastische Folgen für die Sterbezahlen mit sich gebracht hätte.

Infolge der anhaltenden starken Beanspruchung der Intensivplätze kam es zur arbeitsmäßigen Überlastung des medizinischen Personals durch Überstunden sowie physischen und psychischen Stress. Diese Überlastungssituation führte dann zu krankheitsbedingten Ausfällen und zu Kündigungen, was wiederum sowohl die Zahl der „Intensivbetten" absinken ließ als auch die Situation für das noch verbliebene Personal weiter verschlechterte. Insofern hätte eine Ausstattung der Kliniken mit mehr Intensivbetten sehr wahrscheinlich weniger strenge Lockdown-Regeln erfordert. Zudem kamen bereits während der Pandemie Berichte auf, wonach es aufgrund der bestehenden finanziellen Anreize „Falschmeldungen" einiger Kliniken bei der Zahl der „Intensivbetten" gibt; die Zahlen wurden in diesen Fällen anscheinend systematisch nach unten manipuliert, damit man finanzielle Mittel erhält, um die Zahl der Betten zu steigern. Sollte dies zutreffen, wären also die Kapazitätsgrenzen zu niedrig angesetzt worden und damit die Lockdowns unnötig streng ausgefallen. Auch diese beiden Aspekte sind Gegenstand der postpandemischen Aufarbeitung der Ereignisse während der Pandemie.

4.2   Systemarchetypen als Grundmuster systemischer Wirkungsnetze

Den diversen Schulen des Systemdenkens verdanken wir die Identifizierung und Beschreibung von „generischen Strukturen" (z. B. Forrester 1968). Hierbei handelt es sich um systemdynamische Grundtypen zur Beschreibung von Grundmustern, die in unterschiedlichen Systemzusammenhängen häufig auftreten. Bekannt und populär wurden insbesondere die „Systemarchetypen" nach Peter Senge.[2] Mittels Systemarchetypen können allgemeine Wirkungsprinzipien in dynamischen Systemen verdeutlicht werden. Systemarchetypen helfen mit

---

[2] Eine ausführliche Darstellung dieser Systemarchetypen findet sich in Senge 2008, S. 455 ff. und in Senge et al. 2008, S. 139 ff.

ihrer, häufig metaphorischen, Beschreibung der Systemcharakteristik, eine bildhafte Vorstellung von der Komplexität des untersuchten Systems zu entwickeln und fördern damit das Problemverständnis der Akteure.

4.2.1 Systemarchetyp „Eskalation" – Grundmuster des Wettbewerbs

Der Systemarchetyp Eskalation entsteht durch die Kombination von zwei balancierenden Wirkungskreisen, die dadurch insgesamt eine verstärkende Rückkopplung ergeben (siehe Abb. 4.7). A und B stellen zwei miteinander konkurrierende Akteure bzw. Akteurssysteme dar, z. B. Unternehmen, Organisationen allgemein, Personen oder Staaten. Wettbewerbliches Ziel jedes Akteurssystems ist die Verbesserung der eigenen relativen Situation, d. h. eine Steigerung des eigenen Erfolgs im Vergleich zum jeweils anderen Akteurssystem. Entsprechend führt eine Steigerung des Erfolgs von A dazu, dass B seine erfolgsrelevanten Aktivitäten verstärkt und dadurch seinen Erfolg tatsächlich steigern kann, wodurch zugleich der relative Erfolg von A gesenkt wird. Hierdurch wird wiederum A dazu animiert, seine Aktivitäten zu steigern, um erneut gegenüber B erfolgreicher zu sein, was abermals entsprechende Reaktionen von B hervorruft usw. Daher wird die Schleife immer wieder durchlaufen, bis entweder äußere limitierende Faktoren oder eine bewusste Verhaltensänderung der Akteure den Prozess beenden. Es handelt sich also nur vermeintlich bzw. bei isolierter Betrachtung der hier dargestellten Grundkonstellation um eine Endlosschleife, die sich bildhaft als liegende Acht (Lemniskate) deuten lässt.

Die faszinierende Erkenntnis bei der Darstellung dieses Grundmusters ist die Tatsache, dass der insgesamt positive – also aufschaukelnde und daher „eskalierende" – Charakter des Wirkungsnetzes durch eine Kombination zweier negativer Wirkungskreise zustande kommt. Dies verdeutlicht idealtypisch die systemische Wirkung des Wettbewerbs: Ohne Wettbewerb gäbe es nur einen Akteur (und damit nur einen negativen Wirkungskreis), der nach dem Erreichen eines bestimmten Standards seine Anstrengungen (Aktivitäten) wieder reduziert und sich damit zufriedengibt. Erst durch die Existenz eines zweiten Akteurs als Konkurrent, der die relative Position von A bedroht, wird die Aktivität des Akteurs A erneut getriggert. Spiegelbildlich wirkt sich dies ebenso auf die Aktivitäten des Akteurs B aus. Insgesamt erfolgt so eine periodische Erhöhung der Outputgröße, also eine Eskalation.

Wettbewerb kann jedoch auch pathologische Formen annehmen, dann wirkt er kontraproduktiv bzw. dysfunktional. Hierzu sei ein bekanntes Bonmot angeführt:

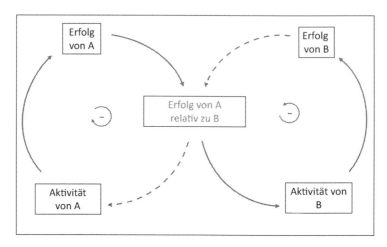

Abb. 4.7 Systemarchetyp „Eskalation"

In einer Situation bei der ein Publikum stehend einer Bühnendarbietung beiwohnt, haben einige Personen aufgrund ihrer Körpergröße eine schlechtere Sicht auf die Bühne als andere. Um ihre Sichtposition zu verbessern, stellen sich diese Personen auf die Zehenspitzen. Wenn sich, dadurch animiert, auch alle anderen Zuschauer auf die Zehenspitzen stellen, sieht am Ende zwar keiner besser als vorher, aber alle stehen wesentlich unbequemer.

Bei der Darstellung und Erläuterung des Systemarchetyps „Eskalation" werden in den meisten Fällen nur die dysfunktionalen Varianten thematisiert (so z. B. bei Senge 2008, S. 464). Die positive Variante der „Eskalation" als Grundmotor marktwirtschaftlicher Systeme wird merkwürdigerweise selten gesehen.

Beispiele für dysfunktionale Eskalationen

a) „Werbekriege" von Unternehmen: Die beiden Akteure erhöhen abwechselnd ihre Werbebudgets, um ihr jeweiliges Produkt gegenüber dem Konkurrenzprodukt noch bekannter zu machen bzw. die verkaufsrelevanten Attribute des Produktes noch stärker im Bewusstsein der potenziellen Käufer zu verankern. Die Budgets und damit die Kostenbelastungen können schließlich unverhältnismäßige Höhen erreichen, was dann letztlich den wirtschaftlichen Erfolg der beworbenen Produkte gefährdet.

b) „Preiskampf" von Unternehmen: Hier senken die beiden Akteure abwechselnd die Preise ihrer miteinander konkurrierenden Produkte, um dadurch mehr Verkäufe zu erzielen. Werden hierbei bestimmte Preisniveaus unterschritten, liegt eine pathologische Form des Preiswettbewerbs vor; letztlich können dann die Selbstkosten nicht mehr gedeckt werden, es kommt zu Verlusten.

c) „Aufmerksamkeits-Konflikt": Konkurrenz von Mitarbeitern, die um die Aufmerksamkeit eines Vorgesetzten konkurrieren und deshalb einen immer höheren Aufwand zur Erstellung von Berichten, Präsentationen, Memos etc. sowie zur Ausschöpfung von Kommunikationskanälen betreiben und damit sowohl zu hohe Anteile ihrer jeweils eigenen Arbeitszeit als auch der Zeit ihres Vorgesetzten in Anspruch nehmen.

d) Weitere Beispiele: Eskalation von Rechtsstreitigkeiten, z. B. bei Nachbarschafts- oder Scheidungskonflikten, politische Konflikte bis hin zum Wettrüsten und zu Kriegen.

In all diesen Beispielen ist es aus der jeweiligen individuellen Perspektive für jedes Akteurssystem rational, auf einen Vorsprung der anderen Seite mit entsprechenden Gegenmaßnahmen zu reagieren, denn man fühlt sich bzgl. seiner eigenen Position bedroht und möchte subjektiv doch nur seine als legitim erachtete Position sichern. Daher erwartet man auch von der jeweils anderen Seite, dass diese ihre als Bedrohung empfundenen Handlungen einstellt; letztlich will keine Seite zuerst nachgeben.

Aus Perspektive der Konfliktlösung sollte nach einer Möglichkeit gesucht werden, bei der beide Seiten ihre Ziele in einem für sie akzeptablen Grad erreichen können. Bzgl. der Wettbewerbssituation nehmen dann beide Seiten eine neutrale Perspektive ein. Dies ermöglicht es, sich auf eine gemeinsame Vorgehensweise zu einigen. Möglich ist auch, dass eine Seite von sich aus nachgibt und so die Endlosschleife durchbricht. Durch solche demonstrativ deeskalierenden und vertrauensbildenden Aktionen kann sich auf der anderen Seite das Gefühl der Bedrohung verringern und somit der Konflikt entspannen.

4.2.2 Systemarchetyp „Erfolg den Erfolgreichen"

Eine weitere elementare Grundstruktur in Wirtschaft und Gesellschaft stellt der Systemarchetyp „Erfolg den Erfolgreichen" dar (vgl. Senge 2008, S. 465 f.). Hierbei konkurrieren zwei Akteurssysteme A und B um jeweils für ein erfolgreiches Agieren benötigte Ressourcen (z. B. Finanzmittel, Zeit und Aufmerksamkeit). Je erfolgreicher eines dieser Systeme dabei ist, desto mehr zusätzliche Ressourcen erhält es und entzieht sie dadurch dem konkurrierenden Akteur. Es kann somit seinen eigenen Erfolg immer weiter verstärken, während der andere Akteur immer weiter ins Hintertreffen gerät.

Dieser Systemarchetyp kommt durch die Kombination von zwei positiven Wirkungskreisen zustande (Abb. 4.8), die für die beiden Akteure jeweils gegenläufige Konsequenzen haben. Das gemeinsame Element in beiden Wirkungskreisen ist der „Erfolg von A relativ zu B". Ein Anfangsvorteil von A führt über die gleichsinnigen Wirkungsbeziehungen zu einer positiven Rückkopplungsstruktur und damit zu einem selbstverstärkenden Prozess, mit immer weiteren Vorteilen für A und entsprechenden Nachteilen für B. Denn B ist spiegelbildlich über die beiden gegensinnigen Wirkungsbeziehungen und die gemeinsame Variable ebenfalls

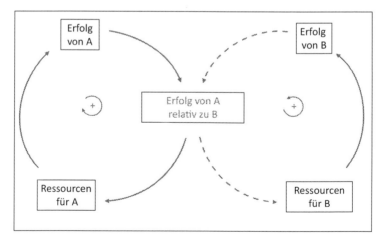

Abb. 4.8 Systemarchetyp „Erfolg den Erfolgreichen"

in eine positive Rückkopplungsstruktur eingebunden. Der Anfangsnachteil von B wird über den selbstverstärkenden Prozess verfestigt; B wird immer erfolgloser (Misserfolg den Erfolglosen). Insgesamt verstärken sich gegenseitiger Erfolg und Misserfolg somit.

Beispiele für „Erfolg den Erfolgreichen"

a) Ein Produkt hat am Markt eine hohe Aufmerksamkeit und eine entsprechende Nachfrage. Durch die Produktverkäufe werden genügend Einnahmen erzielt, um in die Verbesserung des Produktes zu investieren. Ein konkurrierendes Produkt hat eine geringere Nachfrage und erzielt weniger Einnahmen, kann also auch nicht so stark verbessert werden. Der Nachteil verfestigt sich.

b) Zwei Entwicklungsteams eines Unternehmens konkurrieren um FuE-Mittel für ihre jeweiligen Produktideen. Das eine Team hat bisher schon fast alle Entwicklungsprojekte zu erfolgreichen Produkten gebracht, das andere Team war häufig erfolglos. Entsprechend erhält das erfolgreichere Team die knappen Finanzressourcen und kann damit seine Performance weiter verbessern.

c) Bei zwei verschiedenen technologischen Standards kann die eine Technologie einen früheren Markteintritt haben als die andere. Bei vergleichbaren kaufrelevanten Eigenschaften entscheidet i. d. R. der günstigere Preis der bereits etablierten Technologie über den weiteren Verkaufserfolg zugunsten der etablierten Technologie. So waren z. B. Erneuerbare Energien lange Zeit wesentlich teurer als konventionelle Energien und benötigten daher eine besondere Förderung.

d) In einer Familie mit zwei Kindern hat ein Kind aufgrund günstiger Umstände mehr schulischen Erfolg als das andere. Die Familie konzentriert daraufhin ihre Ressourcen an Aufmerksamkeit und Geld auf das erfolgreichere Kind, weil dieses (vermeintlich) mehr daraus macht. Als Variante hierzu ist die generelle Förderung von Kindern in bildungsaffinen Familien zu sehen, während es für Kinder aus bildungsfernen Familien schwieriger ist, einen höheren Bildungsgrad zu erwerben. Dies erklärt zumindest z. T. die relativ geringe Durchlässigkeit des Bildungssystems.

Soll aus bestimmten Gründen die Dominanz von Akteur bzw. Technologie A reduziert werden und B stärker zum Zuge kommen gibt es hierfür passende Optionen: Durch den Aufbau von Hemmnissen für Lösung A wird die Selbstverstärkung abgeschwächt, der Vorteil gegenüber Lösung B vermindert sich. Eine Förderung von Lösung B unterstützt den Erfolg von B, denn über die selbstverstärkende Wirkung vermindert sich der Nachteil von B gegenüber A. Durch das Zusammenwirken von Hemmnissen für Lösung A und der Förderung von Lösung B kann die Ressourcenverteilung zu Gunsten von Lösung B geändert werden. In bestimmten Fällen kann das zu einer Verbesserung der Gesamtsituation, in anderen Fällen aber auch zu dysfunktionalen Entwicklungen führen.

4.2.3   Systematik bzw. „Stammbaum" der Systemarchetypen

Neben den soeben dargestellten beiden Systemarchetypen existiert eine Reihe weiterer Varianten. Diese werden in verschiedenen Publikationen mehr oder weniger ausführlich dargestellt (z. B. Senge 2008, S. 455 ff. und in Senge et al. 2008, S. 139 ff.) und in einigen Fällen auch zur Anwendung gebracht. Aus Platzgründen erfolgt hier nur eine kurze Übersicht als Auswahl von insgesamt acht (bzw. sechs weiteren) besonders häufigen und wichtigen Varianten in Abb. 4.9.

Diese Übersicht zeigt exemplarisch, dass sich aus der unterschiedlichen Kombination von nur zwei oder drei Wirkungskreisen sehr verschiedene Systemkonstellationen ergeben können. Es ist zu erkennen, dass es sowohl Unterschiede in der originären Struktur der Wirkungskreiskombinationen gibt, also in welcher Weise positive und negative Wirkungskreise jeweils miteinander kombiniert werden, z. B. nur gleichpolige oder auch unterschiedlich gepolte, als auch verschiedene Drehrichtungen der Wirkungskreise (links- bzw. rechtsläufig). Weitere Differenzierungen gibt es bzgl. der Frage, wie stark ein Wirkungskreis mit einem anderen verbunden ist, etwa nur über eine oder zwei Variablen oder gar indem der zweite Kreis nur eine kleine Erweiterung des ersten darstellt und die beiden Kreise daher sehr miteinander verwoben sind. Schließlich können auch noch mehr oder weniger vielfältige weitere Wirkungsbeziehungen zwischen den Kreisen bestehen, die den Charakter der originären Wirkungskreise stark beeinflussen und deshalb insgesamt zu einem anderen Systemverhalten führen. Aus diesen Gründen kann ein Systemarchetypus nur voll verstanden werden, wenn er mit allen wesentlichen Elementen und Feinheiten erfasst wird. Daher ist die hier präsentierte stark vereinfachte Darstellung zur konkreten Arbeit mit Systemarchetypen nur bedingt geeignet. Lediglich für bestimmte Anwendungen und wenn zugleich

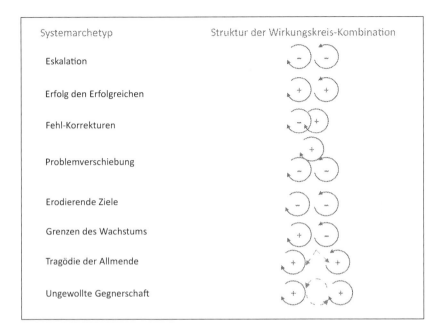

Abb. 4.9 Auswahl wichtiger Systemarchetypen

die Nutzer sehr virtuos mit der Methodik und den verschiedenen Systemarchetypen vertraut sind, empfiehlt sich die Arbeit mit der verdichteten Darstellung.
Zumeist ist dies nur in der ersten Phase einer Systemuntersuchung der Fall;
nahezu alle konkreten Fragestellungen und Szenarien-Varianten in weiteren Pha-
sen erfordern einen vertieften und genaueren Blick auf die Systemarchetypen
(Göllinger 2021).

Weitere Aspekte und Ausblick 5

Kognitionspsychologische Aspekte

Von mehreren wissenschaftlichen Teildisziplinen, insbesondere Entscheidungsforschung und Kognitionspsychologie (z. B. Dörner 1992; Funke 2003), werden seit Jahrzehnten immer wieder ähnliche Gründe genannt, die für die besonderen Schwierigkeiten verantwortlich sind, mit denen Menschen konfrontiert werden, wenn sie komplexe Probleme bearbeiten, und aus denen letztlich wiederum verschiedene Denk- und Entscheidungsfehler resultieren:

- Zahl der Einflussfaktoren (Variablen)
- Vernetztheit
- Dynamik
- Intransparenz
- Polytelie und Offenheit der Zielsituation
- Neuartigkeit

Bzgl. der einzelnen Gründe gibt es allerdings i. d. R. keine eindeutigen Begriffsklärungen, sondern es existieren vielmehr verschiedene Bedeutungen und Begriffsexplikationen nebeneinander. Besonders vielfältig sind die Vorstellungen unterschiedlicher disziplinärer Zugänge (bzw. Autoren) bzgl. des Begriffes „Komplexität". Ein Grund hierfür ist in der heterogenen Entwicklung dieses Begriffes in verschiedenen wissenschaftlichen Disziplinen und die anschließende Diffusion in die diversen Ansätze des Systemdenkens zu sehen. Während für einen Teil der Autoren „Komplexität" schon durch die Vielzahl der Elemente bzw. Einflussfaktoren und deren wechselseitige Beeinflussung gegeben ist, sprechen andere (z. B. Ulrich und Probst 1991) in diesem Fall von „Kompliziertheit" und sehen die zusätzliche zeitliche Dynamik als erforderlich an, um von „Komplexität" sprechen zu können.

© Der/die Autor(en), exklusiv lizenziert an Springer Fachmedien Wiesbaden GmbH, ein Teil von Springer Nature 2023
T. Göllinger, *Schlüsselkompetenz Vernetztes Denken*, essentials,
https://doi.org/10.1007/978-3-658-42897-6_5

Von noch größerem Umfang, sowie zugleich differenzierter, ist der Komplexitätsbegriff der soziologischen Systemtheorie (z. B. Luhmann, Willke). Hier werden verschiedene Dimensionen der Komplexität zur Entfaltung gebracht, die z. T. auch das Komplexitätsverständnis der anderen Disziplinen miteinschließen (Göllinger 2012, 2018).

Obige Gründe bzw. Systemeigenschaften lassen sich zwei Kategorien zuordnen:

1. Originäre Systemeigenschaften (ohne und mit Beeinflussung durch Beobachter bzw. Entscheider).
2. Akteurs- und handlungszentrierte Systemeigenschaften (Berücksichtigung der Entscheider-Perspektive).

Die **Zahl der Einflussfaktoren** begründet zusammen mit der **Dynamik** und der **Vernetztheit** die **Komplexität** des Systems bzw. des Problems. Dynamische Systeme entfalten ihre Eigendynamik prinzipiell auch, ohne dass Akteure das System bzw. die Problemsituation beobachten und zu beeinflussen versuchen. Hierbei handelt es sich um die originären Systemeigenschaften.

Auch für Vester (2002, S. 25) stellen diese drei Eigenschaften gemeinsam das wesentliche Merkmal von Komplexität dar: „Wie jeder Organismus besteht ein komplexes System aus mehreren verschiedenen Teilen (Organen), die in einer bestimmten dynamischen Ordnung zueinander stehen, zu einem Wirkungsgefüge vernetzt sind. In dieses kann man nicht eingreifen, ohne dass sich die Beziehung aller Teile zueinander und damit der Gesamtcharakter des Systems ändern würde."

Dabei ist die „Vernetztheit", die sich konkret als Vernetzung der Systemelemente in einem Wirkungsgefüge manifestiert, für Vester offensichtlich die herausgehobene Eigenschaft komplexer Systeme und daher so bedeutsam, dass er seine Methodik („Vernetztes Denken" bzw. „Kunst vernetzt zu denken") danach benennt. Dagegen fungiert bei der kognitionspsychologischen Variante der Problemlösungsforschung das Phänomen Komplexität insgesamt als Namensgeber: „Komplexes Problemlösen" – richtig zu interpretieren als „Bearbeitung bzw. Lösung komplexer Probleme".

Sichtweise der Kognitionspsychologie („Komplexes Problemlösen")
„Lohhausen, Tanaland, Tschernobyl – immer ging es um die Bewältigung von Problemen in komplexen, vernetzten, intransparenten und dynamischen Situationen oder Realitätsausschnitten. Die Systeme bestanden jeweils aus

> sehr vielen Variablen, die ‚vernetzt' sind, da sie sich untereinander mehr
> oder minder stark beeinflussen; dies macht ihre Komplexität aus. Weiter-
> hin sind die Systeme intransparent, zumindest teilweise; man sieht nicht
> alles, was man sehen will. Und schließlich entwickeln sich die Systeme
> von selbst weiter; sie weisen Eigendynamik auf." (Dörner 1992, S. 58 f.)
> „Hinzu kommt, dass die Akteure (also die Versuchspersonen) keine
> vollständigen Kenntnisse aller Systemeigenschaften besaßen, ja sogar dar-
> über falsche Annahmen hatten. Komplexität, Intransparenz, Dynamik,
> Vernetztheit und Unvollständigkeit oder Falschheit der Kenntnisse über
> das jeweilige System: dies sind die allgemeinen Merkmale der Hand-
> lungssituationen beim Umgang mit solchen Systemen." (Dörner 1992,
> S. 59)

Beide Varianten bzw. Benennungen haben sowohl die wissenschaftliche Beschäftigung mit Komplexität und Systemdenken stark beeinflusst, als auch die
Aufklärung eines interessierten Publikums sowie die Anwendung in Praxispro-
jekten befördert. Dass „Komplexes Problemlösen" eher die wissenschaftliche und
„Vernetztes Denken" eher die populärwissenschaftliche Variante bzw. Benennung
der systemisch fundierten Problemlösungsmethodik (Systemdenken, Systemmethodik) darstellt, kann daher lediglich cum grano salis behauptet werden. Die
Unterschiede liegen vielmehr in anderen Aspekten begründet.

Zusätzliche Aspekte kommen hinzu, indem Akteure das System i. d. R. nur
mit begrenzten Mitteln beobachten können (Intransparenz) und bei ihren Entscheidungen mehrere Ziele zugleich verfolgen (Polytelie) bzw. die Ziele (noch)
offen sind sowie die Situation für die Entscheider erstmalig auftritt (Neuartigkeit). Indem die Entscheider-Perspektive berücksichtigt wird, kommen auch die
akteurs- und handlungszentrierten Systemeigenschaften ins Spiel.

Unterscheidung von Kompliziertheit und Komplexität
Der passende Umgang mit verschiedenen Problemsituationen hängt insbesondere
von der Art des betrachteten Systems ab bzw. von den relevanten Systemeigenschaften. Wenn mehrere oder gar viele Einflussfaktoren (Systemelemente, Variablen) in
einem System vorhanden sind, charakterisieren wir das Problem i. d. R. anders,
als wenn nur wenige Systemelemente vorliegen. Falls sich diese Elemente bzw.
Einflussfaktoren mit der Zeit auch noch verändern, scheint nochmal eine weitere Problemdimension auf. Daher bietet es sich an, eine System- und damit auch

Problem-Klassifizierung anhand von zwei Dimensionen vorzunehmen (vgl. Ulrich und Probst 1991, S. 61):

1. Anzahl und Vielfalt bzw. Verschiedenheit von Elementen an sich sowie Anzahl und Vielfalt ihrer Beziehungen untereinander.
2. Vielfalt der Verhaltensmöglichkeiten der Elemente sowie zeitliche Veränderung der Wirkungsbeziehungen zwischen den Elementen (Dynamik).

Bei einer Kombination der beiden Dimensionen untereinander ergeben sich vier Varianten von Systemen: einfache, komplizierte, relativ komplexe und sehr komplexe Systeme.

Häufig wird von Beobachtern/Akteuren die Komplexität eines Systems oder einer Problemsituation unterschiedlich beurteilt. In einigen Fällen wird die tatsächliche Komplexität schlicht nicht erkannt oder aus bestimmten Gründen bewusst ausgeblendet und deshalb mit einem reduktiven Problemverständnis gearbeitet. Entsprechend stellen dann auch die daraus resultierenden Lösungsvorschläge jeweils keine problemadäquate Lösung dar; in diesem Fall spricht man von einer „unterkomplexen" Problemanalyse bzw. Lösung.

Sechs Kardinalfehler im Umgang mit komplexen Systemen – Logik des Misslingens

Dörner (1992) hat sechs typische Grundfehler im Umgang mit komplexen Situationen beschrieben, in denen er eine „Logik des Misslingens" begründet sieht und die für die systemische Sichtweise charakteristisch sind. In der Interpretation von Vester (2002, S. 36 f.) sind dabei folgende Fehler besonders relevant:

1. Fehler: Falsche Zielbeschreibung bzw. „Reparaturdienstverhalten"
   Häufig erfolgt die Problemanalyse nur oberflächlich indem man sich an Einzelproblemen orientiert, die sich als, zumeist nur vermeintlich, offensichtliche Missstände darstellen. Nach Lösung eines Problems kommt das nächste in den Fokus; darin sieht Dörner ein „Reparaturdienstverhalten". Dabei sind die bearbeiteten Probleme häufig nur Symptome bzw. Folgewirkungen von tieferliegenden aber bisher noch unerkannten und daher verdeckt im Hintergrund wirkenden Problemursachen. Somit erfolgt nur ein bloßes Kurieren der Symptome, ohne grundlegende Analyse und Beseitigung der eigentlichen Ursachen, die auf diese Weise noch weiterhin existieren und ihre schädlichen Wirkungen entfalten können. Aufgrund der Konzentration auf die Beseitigung der Symptome bei Vernachlässigung der eigentlichen Ursachen ergibt sich also eine falsche Zielbeschreibung der Situationsanalyse.

2. Fehler: Unvernetzte Situationsanalyse

Eine Konzentration auf die Sammlung und Auswertung von Daten und Informationen sowie die Bildung von Kennzahlen allein führt zu keinem angemessenen Verständnis der Situation bzw. des Systems, da hierbei die vernetzte Struktur des Systems nicht erfasst wird. So bleiben Rückkopplungen, Schwell- und Grenzwerte sowie deren Auswirkungen auf die Systemdynamik und damit auf die historische Entwicklung des Systemzustandes unberücksichtigt.

3. Fehler: Irreversible Schwerpunktbildung

Selbst wenn bei der Problemanalyse ein tatsächliches Problem erkannt und zunächst erfolgreich bearbeitet wird, kann dies in der Folge zu einer neuen Problematik führen. Denn die anfänglichen Erfolge bei der Problemlösung verleiten zu einer einseitigen Schwerpunktbildung, indem man sich weitgehend auf dieses Problem sowie seine Lösung konzentriert und andere vorhandene Probleme oder die Verschlechterung der Problemlösungsrelevanz der gewählten Maßnahmen zur Problembeseitigung bzw. deren negative Auswirkungen auf andere Systemelemente weitgehend ausblendet.

4. Fehler: Unbeachtete Nebenwirkungen

Bei einer Konzentration auf linear-kausale Systembeziehungen bleiben mögliche Nebenwirkungen unbeachtet. Diese ergeben sich in vernetzten Systemen durch die Verknüpfung der Elemente untereinander. Somit gehen i. d. R. von einer Maßnahme mehrere Wirkungen aus, auch unerwünschte und unbeachtete.

5. Fehler: Tendenz zur Übersteuerung

Maßnahmen wirken oft erst nach einer gewissen Zeitverzögerung. Wenn es aufgrund eines vermeintlichen Ausbleibens einer Reaktion auf eine Maßnahme zu immer stärkeren Eingriffen kommt, die dann nach der entsprechenden Reaktionszeit ihre kumulativen Wirkungen auf das System entfalten, können sich die Maßnahmen als zu stark herausstellen, das Systemverhalten schießt über das angestrebte Ziel hinaus. Es liegt eine Übersteuerung nach oben vor. Häufig führt dies dann zu einem abrupten Abbremsen der Maßnahmen, also einer Übersteuerung nach unten.

6. Fehler: Tendenz zu autoritärem Verhalten

Aufgrund der Macht zur Systemveränderung und, tatsächlicher oder auch nur vermeintlicher, erster Erfolge bei der Systemsteuerung entsteht ein Kompetenz bzw. Allmachtsgefühl mit dem Wunsch, ein System tatsächlich beherrschen zu können. Man neigt zu Übertreibungen sowie zur Abwehr von Einwänden und stellt häufig das persönliche Prestige in den Vordergrund. Dies kann die eigentlich erwünschte Problemlösung gefährden.

Unterschiedliche Varianten der Methodik und unterstützende Software-Tools
In realen Problemsituationen stellt sich i. d. R. die Frage, welche Personen in die Problemlösungsmethodik einbezogen werden und wie die Problemsituation konkret modelliert und bearbeitet wird. Hierzu gibt es verschiedene Antwortmöglichkeiten; häufig wird ein prozessuales Vorgehen gewählt, das in einigen Fällen zusätzlich rekursiv arbeitet. Man erhält so jeweils eine spezielle Methodik für einen Problemlösungsprozess. Darunter gibt es einige Varianten der Methodik des Systemdenkens, die in ihrem Kern auf der Verwendung von Wirkungsgefügen beruhen. Neben der jeweiligen konkreten Vorgehensweise unterscheiden sich die diversen Varianten zumeist auch bzgl. der Erweiterung um, bzw. der Kombination mit, zusätzlichen methodischen Elementen (z. B. Einflussmatrix, Sensitivity Map). Einige Varianten arbeiten mit mehr oder weniger umfangreichen Software-Tools, die die Erstellung und Analyse von Wirkungsgefügen unterstützen. Einen Überblick hierzu liefert der von Wilms (2012) herausgegebene Sammelband.

Eine Methodik, die sowohl kognitionspsychologische als auch systemwissenschaftliche Erkenntnisse aufgreift sowie zusätzlich thematisiert, wie die relevanten Akteure in den Problemlösungsprozess eingebunden werden können und die konkrete Modellierung erfolgen soll, ist das Sensitivitätsmodell von Vester (2002, S. 190 ff.; Leonard et al. 2021). Hierbei erfolgt eine Systemmodellierung und Problembearbeitung mittels neun ineinandergreifenden Arbeitsschritten. Diverse Weiterentwicklungen dieser Methodik (z. B. Harrer 2004, 2015) zielen auf eine noch stärkere Partizipation der Akteure bzw. auf unterschiedliche Formate der Beteiligung, etwa für Großgruppen (z. B. Bürgerdialoge) oder für spontan gebildete Akteurszirkel (z. B. auf Tagungen, Kongressen, Seminaren etc.) sowie auch für längerfristige Prozesse unter zusätzlicher Beteiligung diverser Fachexperten.

Didaktische, prozessuale und kommunikative Vorteile von grafischen Wirkungsgefügen
Grafische Darstellungen der unterschiedlichsten Art (z. B. Diagramme, Funktionsschemata, Organigramme, Prozessabläufe, Netzpläne, Konstruktions- und Schaltpläne) sind in Wissenschaft und Praxis weit verbreitet und bewährte Hilfsmittel, um diverse Aufgaben zu erfüllen. Aber kaum ein anderes grafikorientiertes Instrument stellt einen solch zentralen Bestandteil einer Problembearbeitungs-Methodik dar, wie dies bei Wirkungsgefügen bzw. -netzen der Fall ist. Daher folgendes Fazit:

Was ist eigentlich das Besondere an der Idee, wissenschaftliche und akteursrelevante Sachverhalte bzgl. ihres Wesenskerns in einem grafischen Gebilde darzustellen; worin unterscheidet sich also diese Methodik von allen anderen?
Die Besonderheiten lassen sich in mehreren Aspekten sehen:

- Überwindung des Linearitätsproblems, das schriftlichen Darstellungen mittels einer natürlichen Sprache aufgrund der sequentiellen Abfolge von Informationen unvermeidbar anhaftet.
- Für die Problembeschreibung relevante Sachverhalte lassen sich unabhängig von fachsprachlichen Eingrenzungen und damit von disziplinären Engführungen darstellen.
- In die Betrachtung können sowohl qualitative als auch quantitative Größen und Beziehungen einbezogen werden.
- Verschiedene Akteure können ihre jeweils unterschiedlichen mentalen Modelle zum Ausdruck bringen, miteinander vergleichen und in einem Diskussionsprozess vertiefen.
- Die grafische Darstellung ermöglich eine besonders markante Verdeutlichung der jeweils zugrunde liegenden Rückkopplungsstrukturen.

Was Sie aus diesem *essential* mitnehmen können

- Grundkenntnisse einer systemischen Sichtweise auf typische Problemstellungen;
- Die Erkenntnis, wie sich zirkuläres Denken von linearem unterscheidet;
- Anwendungen auf häufig auftretende Situationen;
- Verständnis für eine ganzheitliche Sichtweise.

T. Göllinger, *Schlüsselkompetenz Vernetztes Denken*, essentials, https://doi.org/10.1007/978-3-658-42897-6

Literatur

Dörner, D. (1992): Die Logik des Misslingens. Hamburg.

Forrester, J.W. (1968): Principles of Systems. Cambridge MA.

Forrester, J.W. (1971): Counterintuitive Behavior of Social Systems. In: Technology Review, 73(3), 52–68.

Forrester, J.W. (1972): Der teuflische Regelkreis: Das Globalmodell der Menschheitskrise. Stuttgart.

Funke, J. (2003): Problemlösendes Denken. Stuttgart.

Göllinger, T. (2012): Systemisches Innovations- und Nachhaltigkeitsmanagement. Marburg.

Göllinger, T. (2018): Systemdenken und organisationale Komplexität. In: Wilms, F./Größler, A. (Hrsg.): Volatilität, Unsicherheit, Komplexität, Ambiguität – Kybernetische Ansätze für die Unternehmensführung. Berlin 2018, S. 137–156.

Göllinger, T. (2021): Material- und Aufgaben-Sammlung zur Methodik des Vernetzten Denkens. Unveröffentlichte Seminar- und Workshop-Unterlagen. Konstanz.

Göllinger, T./Harrer, G. (2015): Biokybernetik und Sustainability: Dialog über die Biokybernetischen Grundregeln und ihre Bedeutung für die ökologische Nachhaltigkeit und die Rechte der Natur. In: Haus der Zukunft Hamburg (Hrsg.) Rechte der Natur/Biokratie, Band 12., Marburg.

Harrer, G. (2004): Das Vester'sche Sensitivitätsmodell. In R. Fisch & D. Beck (Hrsg.), Komplexitätsmanagement. Methoden zum Umgang mit komplexen Aufgabenstellungen in Wirtschaft, Regierung und Verwaltung. S. 147–152. Springer.

Harrer, G. (2015): Cybersystemic tools for politics and business. In: Ison, R. (ed) Governing the Anthropocene: The greatest challenge for systems thinking in practice. Proceedings of the 56th International Society of Systems Sciences Conference, Berlin.

Leonard, A. et al. (2021): Cybernetics Approaches and Models. In: Metcalf, G.S./Kijima, K./Debuchi, H. (Ed.): Handbook of Systems Sciences, p. 67–86. Singapore.

Meadows, D.H. (2008): Thinking in Systems: A Primer. White River Junction, Vermont.

Ossimitz, G. (2000): Entwicklung systemischen Denkens. München.

Richmond, B. (1993): Systems thinking: critical thinking skills for the 1990s and beyond. In: System Dynamics Review, Vol. 9, no. 2 (1993), p. 113–133.

Senge, P. (2008): Die Fünfte Disziplin. Kunst und Praxis der lernenden Organisation. 10. Aufl., Stuttgart.

Senge, P. et al. (Hrsg.) (2008): Das Fieldbook zur Fünften Disziplin. 5. Aufl., Stuttgart.

T. Göllinger, *Schlüsselkompetenz Vernetztes Denken*, essentials, https://doi.org/10.1007/978-3-658-42897-6

Ulrich, H./Probst, G.J.B. (1991): Anleitung zum ganzheitlichen Denken und Handeln. 3. Aufl., Bern, Stuttgart.

Vester, F. (1976): Ballungsgebiete in der Krise. Eine Anleitung zum Verstehen und Planen menschlicher Lebensräume mithilfe der Biokybernetik. DVA, Stuttgart.

Vester, F. (1980): Neuland des Denkens. Vom technokratischen zum kybernetischen Zeitalter. DVA, Stuttgart.

Vester, F. (2002): Die Kunst vernetzt zu denken. Ideen und Werkzeuge für einen neuen Umgang mit Komplexität. Ein Bericht an den Club of Rome. 2. A. Stuttgart.

Wilms, F.E.P. (Hrsg.) (2012): Wirkungsgefüge. Einsatzmöglichkeiten und Grenzen in der Unternehmensführung. Bern u. a.

Printed in the United States
by Baker & Taylor Publisher Services